AF266865

* 9 7 8 1 0 8 8 1 0 5 8 6 3 *

Bound by Words

Arabic Essays on Literature and Contemporary Issues

Mena Attia

ISBN: 978-1-0881-0586-3

مَا وَسِعَنِي قَولُهُ

مَقَالَاتٌ عَرَبِيَّةٌ حَولَ الأَدَبِ العَرَبِيِّ وَقَضَايَا مُعَاصِرَةٍ

مِنَّة عَطِيَّة

الفِهرِسُ

شُكْرٌ وَتَقْدِيرٌ

Acknowledgements

I want to start by giving a special thank you to my Arabic Professor Bilal Alomar, who taught Modern Arabic Literature and Advanced Arabic II, for sparking my interest in Arabic reading and writing through the fruitful discussions we had in class analyzing short stories and poetry, and for the detailed feedback he gave me on my writing. His passion and dedication to the Arabic language and teaching his students is unmatched.

I also want to thank Professor Abdel-Fattah Shahda, who was my professor for Kalila wa Dimna and Current Events in the Arabic Media, for greatly improving my grammar and vocabulary through guided analysis of the syntax and grammar of various articles.

Last but not least, I want to thank Professor Munther Younes, the director of the Arabic program at Cornell University and my professor for Arabic Grammar and Writing, for making it possible to take this wide range of interesting Arabic courses, and for all his support and encouragement for me to pursue Arabic writing and linguistics.

المُقَدِّمَةُ

Foreword

By Professor Bilal Alomar

عرفت منّة طالبةً في مادّة الأدب العربي الحديث، وفي مادّة المستوى الثاني المتقدم في اللغة العربية في جامعة كورنيل بين عامي 2020 و2022، وكعادتي في بداية كل فصل دراسي أسأل طلبتي من غير الناطقين بالعربية عن دوافعهم في تعلّم العربية، وعن خلفياتهم الثقافية، فلمّا عرفت أنَّ منّة طالبة مصرية-أمريكية توقعت حينها أنّها ستكون قادرة على التعامل مع النصوص العربية بشكل معقول مع وجود ثغرات كبيرة؛ ذلك أنّها قضت معظم حياتها في أمريكا، ولكنّ هذا الانطباع سرعان ما بدأ يتغير يوماً بعد يوم، فمع كل نصّ أدبيّ كنّا نعالجه كانت منّة تفاجئني بعمق أفكارها، وسعة اطلاعها، وسرعتها في استيعاب القضايا الجديدة والعميقة، فضلاً عن قدرتها على فهم المصطلحات الأدبية والنقدية والملاحظات اللغوية والنحوية كما لو أنّها قد درست هذه الموضوعات الشائكة منذ زمن بعيد، أمّا عن مناقشة الأفكار فكانت تبدي قدراتٍ استثنائيةً في القراءة والتّحليل والتّأويل وفي الجدل المبنيّ على الدليل، الأمر الذي وجدته أيضاً مُجسَّداً في كتاباتها النقدية ومقالاتها الأدبية بشكل عام.

"ما وسعني قوله" كتاب رشيق وعميق في الوقت عينه، يحلّق بقارئه في عوالم مختلفة، فتارةً يأخذك إلى عالم الأدب: شعره ونثره، وتارةً أخرى ينتقل بك إلى عالم السياسية والاقتصاد، فضلاً عن عالمَي الموضة والتأملات الذاتية...

ففي باب الأدب العربيّ الحديث تفاجئك الكاتبة بمقالات أدبية ونقدية تعالج قضايا شائكة ومعقّدة، فمع زكريا تامر تستكشف كُنهَ العَلاقة الجدليّة بين الحاكم المستبد

والمحكوم، فتفضح السلطة وتقنيّاتها، وتسلط الضوء على المحكوم وآليات إخضاعه. ومع نجيب محفوظ هناك حديث رصين حول قضايا وجوديّة أرّقت الإنسان وقضّت مضجعَه، مثل قضية الإيمان والأديان، والحياة والموت، فالكتابة تكشف عن ذلك كله من خلال قصة "جنة الأطفال" فتحلل بذكاء واضح شخصيّة الوالد وابنته السَّؤول. أما عن التجارب الإنسانيّة الذاتيّة كالحب والمرض، فيأخذك "ما وسعني قوله" إلى شاعر المرأة نزار قباني في مرثية "بلقيس" حيث عالم الحب المجبول بالموت، فكشفت الكاتبة شدّة الألم التي اعتصرت قلب نزار، مستدلَّة بجمل شعريّة تبرهن ما ذهبت إليه. أمّا عن تجربة المرض فثمّة مقالة عن "زهور" أمل دنقل المسجّى على فراش المرض المفضي إلى موت قريب، ففي هذه المقالة تتماهي الكاتبة مع الشّاعر المريض فتنقل إحساسَه ومشاعرَه وآهاتِه وأنّاتِه، تستحضر كلماته، تفكّكها تحلّلها وتعيد إنتاجها من جديد.

أمّا عن القسم المتعلق بكليلة ودمنة فثمّة مقالات عميقة في تحليل بعض تلكم القصص التي جرت على ألسنة الحيوان، فالكاتبة أجادت حقّاً في الكشف عن تلك الرّموز والمعاني السياسية الكامنة وراء تلك الحكايات، أمّا ما يلفت حقّاً فهو قدرتها على إسقاط تلك القصص على الوقائع السّياسيّة التي تمرّ بنا في حاضرنا المعاصر، فتشعر وكأنّ تلك القصص التي ترجمها ابن المقفع قبل قرون من الزمان تصلح حقّا لكل زمان ومكان!

أمّا فلسطين، فقد استحقت من الكاتبة فصلاً منفرداً، عالجت فيه هذه القضية الشائكة وفقاً لمستويات عدة، فتارة تقوم مقالاتها على الحجّة والدّليل مبرهنةً على حق الفلسطينيّ في وطنه، معريّةً الوجه القبيح للاحتلال، وتارةً أخرى تقدّم الكاتبة مقالات نقديّة أدبيّة تستحث العواطف وتستهدف الشعور، فمع غسان كنفاني مثلاً، أجادت منّة أيّما إجادة في إيقاظ مشاعر متلقيها بعد أن قدّمت تحليلاً فذّاً وعميقاً

لشخصية نادية، تلكم الطفلة الغزيّة التي بُتِرت أحلامُها بعد أن بَتَرَت قنابلُ الاحتلال رِجلها فكان تحليل هذا المشهد المأساوي ببراعة فذة دعوةً لهؤلاء الذين غفت ضمائرهم وتبلّدت أحاسيسهم إلى النظر للمعاناة الفردية للإنسان الفلسطيني القابع تحت نير الاحتلال.

أمّا الفصل قبل الأخير المتعلّق بالولايات المتّحدة الأمريكيّة فيحوي مقالاتٍ عدّةً تكشف فهماً دقيقاً للسياق الثقافيّ والتّاريخيّ الأمريكيّ، فعرّت الكاتبة بأسلوبها اللاذع الوجهَ البشع للعقليّة الرّأسماليّة الأمريكيّة مظهرةً كيف استطاعت تلكم العقليّة على تشييئ الإنسان وسحق كرامته. كما فكّكت الخطاب العنصريّ الأمريكيّ وبيّنت تناقضاته معزّزة ما ذهبت إليه بأدلّة مستقاة من الدستور الأمريكَي وتعديلاته حيناً، ومن طريقة توظيف الحكومة الأمريكية للتكنولوجيا في حينٍ آخر لتصبح التكنولوجيا أداة قمع ومراقبة لاسيما الأقليات من السود والمسلمين وغيرها. كما أبرزت منّة تلك التناقضات من خلال أدلة لا يمكن تفنيدها، فأمريكا التي كلّفت نفسها عناء نشر الحرية والعدالة للآخرين! دون تكليف من أحد! هي ذاتها التي نشرت الخوف والدمار تاركة وراءها ووراء آلتها العسكرية الضخمة البلدانَ يباباً بعد أن كانت ذات يوم مهداً لحضارة الإنسان ولَيسَ أدلَّ على ذلك ممّا صنعته في العراق وأفغانستان وغيرهما من البلدان.

أمّا الفصل الأخير الذي عنونته الكاتبة ب "مواضيع أخرى" فقد حوى مقالاتٍ متنوعةً عبّرت فيه الكاتبة عمّا يختلج في نفسها إزاء قضايا مختلفة ملأت الدنيا وشغلت الناس، كالمقالة التي تحدث فيها عمّا جرى للصحفي السعودي جمال خاشقجي الذي قتل في سفارة بلاده في تركيا، ذلك الحدث الذي هزّ العالم شرقاً وغرباً وطرح أسئلة كثيرة حول حرية الرأي وحماية الصحفيين. وثمّة مقالة شيّقة عن الشعر، تسجّل الكاتبة فيها انطباعاتها الذاتية عن الشعر حيث العاطفة والمشاعر

والخيال، إزاء عالم البرمجة الحاسوبية حيث الرياضيات والدقة والمباشرة، فالمقالة تقوم على مقاربات ومفارقات ذكيّة بين عالم الشعر وعالم البرمجة والكمبيوتر. أما ما يميّز مقالتي أهمية اللباس في المجتمع والموضة فهو بيان دور اللباس بوصفه أداة للتعبير كالكوفية الفلسطينية التي غدت أداة ورمزاً عالمياً للمقاومة. أما المقالة المتعلقة بالموضة فكأنّي بالكاتبة تريد أن تفتح أعين قارئيها قائلة لهم بأن لا يغرنّكم جمال الموضة وأناقة التصميم، فوراء ذلكم الجمال المادي البرّاق قبحٌ ومأسٍ إنسانية فظيعة، سواء بحقّ الطبيعة أم بحق أولئك العمال البسطاء كالإيغور مثالاً الذين يعملون لصالح شركات الموضة ومصانعها الضخمة التي لا هم لها سوى المزيد من الثراء.

وككلمة أخيرة أقول: هذا ما وسعني قوله في مساحة ضيّقة للتعبير عن كتاب "ما وسعني قوله"

Preface

As someone who was born in Egypt and lived there for
a total of eight years, I speak the Egyptian dialect
natively. However, growing up and going to school in
the US has naturally made most of my communication
in English. So, oftentimes I am faced with the problem
that many bilinguals face: the struggle to accurately
translate thoughts from one language to another,
often leading to mixing the two languages in speech.

To make matters more difficult, the Egyptian dialect
that I speak is very different from Modern Standard
Arabic which is used for Arabic writing. I would read
children's books and short stories in Arabic at home,
so I am able to understand it well, but using it to
communicate is the challenge I constantly face.

I took my first Arabic class at Cornell University in the
2020 Fall Semester, where I was expected to
communicate in speech and writing in Standard
Arabic. I often had thoughts about the material we
were discussing in class, thoughts in either Egyptian
Arabic or English, but my inability to translate these
thoughts into coherent Standard Arabic led to these
thoughts going unshared.

This is the inspiration behind the title of this book.
Even as I became more capable of expressing myself
in Arabic writing, there are still many ideas, thoughts,
and opinions that I am unable to convey in my Arabic
writing. The Arabic words and sentence structures
that I know limit my self-expression.

Although I am not at the level where I can communicate in Arabic with the same ease as in English, I have come a long way in my writing after taking five Arabic classes at Cornell that covered a variety of topics. I have learned a lot of new terminology that I have adopted in my writing, started making fewer Arabic Grammar mistakes and expressing my opinions with more confidence. I want to share these essays to document this progression throughout my time at Cornell.

In this collection of essays, I rhetorically analyze short stories and poems by famous Arabic writers, discussing the plot and use of rhetorical devices as well as what they symbolize and how they connect to global issues. I also write several essays discussing the book Kalila wa Dimna, which is a collection of short stories about animals that has lessons and wisdom for political leaders. I draw political connections from these stories. Two political topics I write about repeatedly are Palestine and the United States, which is why I have made them their own sections.

- Mena

تَحليلُ قِصَصٍ قَصيرَةٍ وَقَصائِدَ مِن الأَدَبِ العَرَبِي الحَدِيثِ

١. تَحْلِيلُ قِصَّةِ "النُّمُورِ فِي اليَومِ العَاشِرِ"

٢٠٢٠/٩/٢٠م

تَتَحَدَّثُ قِصَّةُ النُّمُورِ فِي اليَومِ العَاشِرِ لِلْكَاتِبِ زَكَرِيَّا تَامِر عَن عَمَلِيَّةِ تَرْوِيضِ نَمِرٍ فِي قَفَصٍ، حَيثُ يَبْدَأُ النَّمِرُ فِي هَذِهِ القِصَّةِ قَوِيًّا شَرِسًا مُتَكَبِّرًا ورَافِضًا لِلْخُضُوعِ، لَا يَمْلِكُهُ أَحَدٌ، لَكِنَّهُ سُرْعَانَ مَا يَفْقِدُ حُرِّيَّتَهُ عِنْدَمَا يُوضَعُ فِي القَفَصِ، وَخِلَالَ الأَيَّامِ العَشْرِ الَّتِي يَقْضِيهَا فِي الأَسْرِ يُصْبِحُ يُطِيعُ أَوَامِرَ المُرَوِّضِ رَغْمَ مُحَاوَلَاتِه فِي المُقَاوَمَةِ لِيَحصُلَ عَلَى الطَّعَامِ.

تُعَبِّرُ هَذِهِ القِصَّةُ عَن الوَضعِ السِّيَاسِي فِي العَالَمِ العَرَبِيِّ: فَالنَّمِرُ يُمَثِّلُ المُوَاطِنَ العَرَبِيَّ المُسْتَضْعَفَ الَّذِي فَقَدَ حُرِّيَّتَهُ وَإِمْكَانِيَّتَهُ لِمُقَاوَمَةِ حَاكِمِ بِلَادِهِ الظَّالِمِ، فَلَم يَعُد بِإِمْكَانِ ذَلِكَ العَرَبِيِّ التَّعبِيرُ عَن آرَائِهِ أَو مُنَاهَضَةُ حَاكِمِ بِلَادِهِ وَوَجَبَ عَلَيهِ إِطَاعَةُ الحَاكِمِ فِي كُلِّ شَيءٍ وَإِلَّا تَكُونُ حَيَاتُهُ مُهَدَّدَةً، كَمَا كَانَ النَّمِرُ مُهَدَّداً بِالجُوعِ الَّذِي كَانَ بِإِمْكَانِهِ أَن يُمِيتَهُ إِذَا استَمَرَّ طَوِيلاً. نَرَى ذَلِكَ أَيضًا فِي نِهَايَةِ القِصَّةِ عِنْدَمَا قَالَ المُرَوِّضُ -الَّذِي يُمَثِّلُ الحَاكِمَ- لِلنَّمِرِ: "عَلَيكَ أَن تُعجَبَ بِكُلِّ مَا أَقُولُ وَأَن تُصَفِّقَ إِعجَابًا بِهِ"، وهَذَا مَا نَرَاهُ بِالفِعلِ فِي الوَطَنِ العَرَبِيِّ، فَمَن لَا يُعجِبُهُ سِيَاسَةُ هَذَا الرَّئِيسِ يُسْجَنُ ويُعَذَّبُ، كَأَنَّهُ يَأمُرُ الشَّعبَ بِالإِعجَابِ بِه.

لَكِن نَرَى أَيضًا أَنَّ الَّذِينَ يُؤَيِّدُونَهُ يُعَذِّبُونَ أَيضًا وَلَو كَانَ بِشَكلٍ آخَر، فَمَصَالِحُ الشَّعبِ تُمَثِّلُ آخِرَ شَيءٍ عَلَى لَائِحَةِ اهتِمَامَاتِ الرَّئِيسِ تَارِكًا الشَّعبِ يُعَانِي مِنَ الفَقرِ وَالجُوعِ وَكَثِيرٍ مِنَ المَشَاكِلِ الاقتِصَادِيَّةِ وَالاِجتِمَاعِيَّةِ، وَيُمكِنُ رَبطُ هَذِهِ المُعَانَاةِ بِمَا حَدَثَ فِي القِصَّةِ عِندَمَا أَعجَبَ النَّمِرُ بِخُطبَةِ المُرَّوِضِ كَمَا أَمَرَهُ، وَلَكِنَّ المُرَّوِضَ لَم يَفهَم هَذَا الإِعجَابَ وَقَالَ إِنَّهُ لا يُحِبُّ النِّفَاقَ وَالمُنَافِقِينَ سَاخِرًا مِنَ النَّمِرِ، ذَلِكَ وَمَنَعَ عَنهُ الطَّعَامَ فِي هَذَا اليَومِ أَيضًا. أَمَّا القَفَصُ فَيُمَثِّلُ البِلَادَ العَرَبِيَّةَ، وَأَمَّا تَلَامِيذُ المُرَوِّضِ فَيُمَثِّلُونَ السِّيَاسِيِّينَ أَو أَبنَاءَ الحُكَّامِ الَّذِينَ يَتَعَلَّمُونَ مِنهُم طَرِيقَتَهُم فِي التَّعَامُلِ مَعَ الشَّعبِ وَيَرِثُونَ السُّلطَةَ مِن بَعدِهِم وَيَستَمِرُّونَ فِي الظُّلمِ وَالاِعتِدَاءِ وَسَلبِ حُرِّيَّاتِ المُوَاطِنِينَ.

٢. تَحْلِيلُ قِصَّةِ "امرَأَةٍ عَاشِقَةٍ، امرَأَةٍ مَهزُومَةٍ"

٢٠٢٠/٩/٢٥م

تَبْدَأُ قِصَّةُ "امرَأَةٌ عَاشِقَةٌ، امرَأَةٌ مَهزُومَةٌ" لِلكَاتِبَةِ المَغرِبِيَّةِ مَلِيكَة مُستَظرَف، بِذِهابِ امرَأَةٍ إِلَى عَرَّافَةٍ لِتُسَاعِدَهَا في حَلِّ مُشكِلَتِها مَعَ زَوجِهَا عَلَى أَمَلٍ أَن تُرجِعَهُ لَهَا. تَروي هَذه المَرأَةُ -وَهِي الشَّخصِيَّةُ المِحوَرِيَّةُ- قِصَّةَ حَياتِهَا الزَّوجِيَّةِ وَالعَائِلِيَّةِ، وَتَبْدَأُ القِصَّةُ بِتَقدِيمِ الرَّاوِيَةِ لِلصِّرَاعِ الخَارِجِيِّ مَعَ زَوجِهَا، ثُمَّ تَستَخدِمُ الِاسترجَاعَ الزَّمَنِيَّ في نِصفِ القِصَّةِ لِتَحكِي عَن اليَومِ الَّذِي جَاءَ لِخِطبَتِهَا حَيثُ خَاضَت في صِرَاعٍ آخَرَ مَعَ أَبوَيها: فَكِلاهُمَا لَم يُوَافِقَا عَلَى زَوَاجِهَا مِنهُ، وَلَكِنَّهَا كَانَت تُحِبُّه، وَتُرِيدُ أَن تَتَزَوَّجَ مِنهُ وَهُنَا استَخدَمَت مَلِيكَة الحِوَارَ الدَّاخِلِيَّ لِتَرُدَّ الرَّاوِيَةُ عَلَى أَبيهَا "لَكِن أَبِي مَتَى كَانَت العَوَاطِفُ تُحسَبُ بِآلَةٍ حَاسِبَةٍ" وَتُكمِلُ "هَل تَخجَلُ أَنتَ أَبِي عِندَمَا زَوَّجتَني؟" وَيُبَيِّنُ هَذَا الحِوَارُ الدَّاخِلِيُّ ضعفَ شَخصِيَّتِهَا لِأَنَّهَا لَم تَستَطِع قَولَ هَذَا لَهُ مُبَاشَرَةً.

يَكشِفُ حِوَارُ الأَبِّ مَعَ ابنَتِهِ الكَثِيرَ عَن شَخصِيَّتِهِ هُوَ الآخَرِ. فَوَصفُهُ لِزَوَاجِ ابنَتِهِ بِأَنَّهُ "عَمَلِيَّةٌ خَاسِرَةٌ" وَتَزوِيجُهُ لِابنَتِهِ الطِّفلَةِ لِيَكسَبَ مِن وَرَائِهَا يَدُلُّ عَلَى أَنَّهُ شَخصٌ مَادِيٌّ تَنقُصُهُ العَاطِفَةُ، وَهُوَ أَيضًا أَبٌ قَاسٍ حَيثُ قَالَ لِابنَتِهِ "اذهَبِي إِلَى الجَحِيمِ" وَطَرَدَ قِطَّتَها مِن البَيتِ وَيُمكِنُ تَشبِيهُ شَخصِيَّةِ الأَبِّ بِشَخصِيَّةِ الزَّوجِ، فَالأَبُّ زَوَّجَ ابنَتَهُ حَسَب مَا رَآهُ مُنَاسِبًا وَكَذَلِكَ الزَّوجُ الَّذِي عَاشَ حَيَاتَهُ حَسَب رَغَبَاتِه مِن دُونِ أَن يَهتَمَّ

بِرَغَبَاتِ زَوجَتِهِ هُوَ الآخَر. نَعرِفُ مِن القِصَّةِ أَنَّ الزَّوجَ الثَّانِي لَيسَ وَسِيمًا وَأَنَّهُ ضَخمُ البُنيَة، وَلَكِنَّ ذَلِكَ لَم يَمنَع الرَّاوِيَةَ مِن حُبِّهِ، الأَمرُ الَّذِي تَستَغرَبُ مِنهُ خِلَالَ القِصَّةِ بِقَولِهَا إِنَّ الحُبَّ "يَجعَلُنَا نَتَصَرَّفُ كَالأَطفَالِ، بِلَا مَنطِقٍ".

أَمَّا بِالنِّسبَةِ لِتَحلِيلِ الشَّخصِيَّاتِ فِي هَذِهِ القِصَّةِ فَكَانَ الزَّوجُ الثَّانِي وَالأُمُّ وَالأَبُّ مِن الشَّخصِيَّاتِ الرَّئِيسِيَةِ لِدَورِهِم المُهِمِّ خِلَالَ القِصَّةِ، وَيُمكِنُنَا إِضَافَةُ العَرَّافَةِ أَيضًا لِلشَّخصِيَّاتِ الرَّئِيسِيَّةِ لِدَورِهَا فِي مُحَاوَلَةِ حَلّ مُشكِلَةِ المَرأةِ مَعَ زَوجِهَا، وَأَمَّا بِالنِّسبَةِ لِلشَّخصِيَّاتِ الثَّانَوِيَّةِ فَهُم الزَّوجُ الأَوَّلُ، وَالقِطَّةُ، وَالجَارَةُ، وَالأُختُ، لِكَونِهِم شَخصِيَّاتٍ ثَابِتَةٍ لَيسَ لَهَا دَورٌ أَسَاسِيٌّ فِي القِصَّةِ.

تُوَاجِهُ الشَّخصِيَّةُ المِحوَرِيَّةُ صِرَاعاً دَاخِلِيًا، فَهِيَ كَانَت تُحِبُّ زَوجَهَا ثُمَّ تَتَسَاءَلُ "كَيفَ أَحبَبتُهُ؟" وَتَلُومُ نَفسَهَا عَلَى ذَلِكَ، وَلَدَيهَا أَيضًا عُقَدَةٌ مِن الزَّوَاجِ فَتَقُولُ "كُلُّهُم يَهرُبُونَ عِندَمَا تُصبِحُ الأُمُورُ جَادَّةً" وَفِي نَفسِ الوَقتِ كَانَت تُعَمِّمُ شَخصِيَّتَي زَوجَيهَا الأَوَّلُ وَالثَّانِي القَاسِيَةَ وَغَيرَ المَسؤُولَةِ عَلَى جَمِيعِ الرِجَالِ، وَلَقَد لَاحَظنَا خِلَالَ القِصَّةِ تَطَوُّرًا فِي الشَّخصِيَّةِ المِحوَرِيَّةِ لِأَنَّهَا فِي النِّهَايَةِ أَصبَحَت لَا تُرِيدُ مِن زَوجِهَا أَن يَرجِعَ إِلَيهَا بَل عَبَّرَت عَن إِرَادَتِهَا لِمُوَاجَهَتِهِ وَحَرقِ صُوَرِهِ وَرَسَائِلِهِ وَعَمَلِ أَيًّا كَانَ لِإِخرَاجِهِ مِن حَيَاتِهَا. تُسَلِّطُ مَلِيكَة مُستَظرَف الضَّوءَ عَلَى

بَعضِ المَشَاكِلِ فِي المُجتَمَعِ العَرَبِيِّ مِن خِلَالِ هَذِه القِصَّةِ مِثل زَوَاجِ القَاصِرِ وَسُطوَةِ الزَّوجِ عَلَى زَوجَتِهِ وَالمَشَاكِلِ الأَسَريَّةِ.

٣. تَحْلِيلُ قِصَّةِ "جَنَّةِ الأَطْفَالِ"

٢٠٢٠/١٠/٢م

قِصَّةُ "جَنَّةُ الأَطْفَالِ" لِلْكَاتِبِ المِصْرِيّ نَجِيب مَحْفُوظ هِيَ عِبَارَةٌ عَنْ حِوَارٍ بَيْنَ أَبٍ وَابنَتِهِ عَنِ الدِّينِ حَيْثُ تَسْأَلُ ابنَةُ أَبَاهَا الكَثِيرَ مِنَ الأَسْئِلَةِ الوُجُودِيَّةِ وَيُحَاوِلُ الأَبُّ إِجَابَتَهَا وَلَكِنَّهُ لَا يَجِدُ الإِجَابَاتِ المُنَاسِبَةَ وَيُجَاوِبُ بِتَرَدُّدٍ شَدِيدٍ. البِنْتُ الصَّغِيرَةُ مَا زَالَت طَالِبَةً فِي المَدرَسَةِ وَهِيَ جَاهِلَةٌ بِأُمُورِ الدِّينِ فَهِيَ لَا تَعرِفُ مَن هُوَ اللهُ حَقًّا أَوِ الفَرقَ بَينَ الدِّيَانَاتِ وَتَظُنُّ أَنَّ الدِّينَ المَسِيحِيَّ يَتَعَلَّقُ بِلِبسِ النَّظَّارَةِ، وَعَلَى الرَّغمِ مِن أَنَّ نَادِيَة المَسِيحِيَّة فِي نَفسِ سِنِّ صَدِيقَتِهَا لَكِنَّهَا تَعرِفُ بَعضَ الأُمُورِ المَنصُوصَةِ فِي دِينِهَا مِثل قَتلِ المَسِيحِ. تُرِيدُ الابنَةُ التَعَرُّفَ عَلَى دِينِهَا الإِسلَامِ أَكثَرَ وَلِذَلكَ ظَلَّت تَسْأَلُ أَبَاهَا "لِمَ يَا بَابَا؟" عَن كَثِيرٍ مِنَ الأُمُورِ. بَينَمَا كَانَت بَعضُ أَسئِلَتِهَا تَبدُو سَاذِجَةً طَرَحَت الابنَةُ أَسئِلَةً ذَكِيَّةً وَصَعبَةً مِثلَ "لِمَ يُرِيدُ اللهُ شَيئاً غَيرَ حلو" وَ"لِمَ نَمُوت".

لَم يُعطِ الأَبُّ الأَسئِلَةَ الَّتِي سَأَلَتهَا الإبنَةُ حَقَّهَا فِي حِوَارِهِ مَعَهَا؛ فَعِندَمَا كَانَت تَسْأَلُ أَسئِلَةً تَستَوجِبُ شَرحاً كَثِيراً وَرَدّاً طَوِيلاً مِنَ الأَبِّ كَانَ يَرُدُّ بِكَلِمَاتٍ قَلِيلَةٍ فِيهَا الكَثِير مِنَ الغُمُوضِ لِيَتَهَرَّبَ مِن أَسئِلَتِهَا وَلَكِنَّهُ فِي حِوَارِهِ مَعَهَا جَعَلَ ابنَتَهُ تَسْأَلُ المَزِيدَ مِنَ الأَسئِلَةِ التَوضِيحِيَّةِ. فَمِنَ الأَمثِلَةِ عَلَى تَهَرُّبِ الأَبِّ مِن أَسئِلَةِ ابنَتِهِ رَدُّهُ عَلَى سُؤَالِ "لِمَ أَنَا مُسلِمَة؟" بِقَولِهِ إِنَّ ابنَتَهُ مُسلِمَةٌ لِأَنَّ أَبوَاهَا مُسلِمَين وَلِأَنَّ الإِسلَامَ آخِرَ مُوضَةٍ. وَكَانَ رَدُّهُ

أَيْضًا مُتَنَاقِضًا بَعضِ الأَحْيَانِ كَقَوْلِهِ إِنَّ المَوتَ "لَيسَ حلوًا" فِي البِدَايَةِ ثُمَّ قَوْلِهِ إِنَّهُ حلوٌ، وَقالَ أَيضًا إِنَّهُم يَمُوتُونَ بَعدَ أَن يَفعَلُوا أَشيَاءً جَمِيلَةً ثُمَّ قَالَ بَعدَ ذَلِكَ إِنَّ الكُلَّ يَمُوتُ سَواءً فَعَلَ أَشيَاءً جَمِيلَةً أَم لَا. وَعِندَمَا سُئِلَ الأَبُّ عَن أَيُّهُمَا أَحسَن المَسِيحِيَّةُ أَو المُسلِمَةُ كَان الأَبُّ مُتَسَامِحًا فِي إِجَابَتِه فَقَالَ إِنَّ المُسلِمَةَ حَسَنَةٌ والمَسِيحِيَّةَ حَسَنَةٌ وَغَضِبَ عِندَمَا قَالَت لَهُ ابنَتُهُ إِنَّ المَسِيحِيَّةَ مُوضَةٌ قَدِيمَةٌ، وَلَكِن فِي نَفسِ الوَقتِ أَرَادَهَا أَن تَظَلُّ مُسلِمَةً وَلَكِنَّهُ فَشَلَ فِي إِقنَاعِهَا لِتَقُولَ لَهُ فِي النِّهَايَةِ إِنَّهَا تُرِيدُ أَن تَبقَى مَعَ نَادِيَة فِي حِصَّةِ الدِّينِ.

لَم يَكُن لِلأُمِّ دَورٌ كَبِيرٌ فِي القِصَّةِ فَهِيَ لَم تَكُن جزءًا مِن الحِوَارِ مَعَ البِنتِ، وكَانَت تَسمَعُ فَقَط تَارِكَة بِذَلِكَ مَسؤُولِيَّة تَعلِيمِ ابنَتِهَا شُؤُونِ الدِّينِ لِلأَبِّ بِالكَامِلِ. تُرَكِّزُ هَذِه القِصَّةُ عَلَى بَعضِ القَضَايَا المُتَعَلِّقَةِ بِالدِّينِ، مِثل كَيفِيَّةِ الرَّدِّ عَلَى أَسئِلَةِ الأَطفَال المُتَعَلِّقَةِ بِالدِّينِ وَأَوجُهِ التَشَابُه وَالاختِلَافِ بَينَ الأَديَانِ كَمَا أَنَّ احتِرَامَ الأَديَانِ كَان جُزءًا مُهِمّاً فِي القِصَّةِ.

٤. مَقَالَةٌ حَولَ قَصِيدَةِ "زُهُورٍ"

٢٠/١١/٢٠٢٠م

فِي قَصِيدَةِ زُهُورٍ، يَصِفُ الشَّاعِرُ المِصرِيُّ أَمَل دُنقُل حَالَةَ زُهُورٍ أُهدِيَت إِلَيهِ وَهُوَ فِي المُستَشفَى بَعدَ إِصَابَتِهِ بمَرَضِ السَّرَطَانِ وَعَلَى عَكسِ أَكثَرِ النَّاسِ الَّذِينَ يَسعُدُونَ بِشكلِ بَاقَاتِ الوَردِ وَرَائِحَتِهَا، وَيَرَونَ أَنَّهَا تُدخِلُ السَّعَادَةَ عَلَى المَرِيضِ وَتخَفِّفُ عَنهُ، لَم يَرَ دُنقُل فِي الزُّهُورِ سِوَى آلَامِهَا وَهَذَا شَيءٌ لَا يُسعِدُهُ.

بَدَأَ الشَّاعِرُ النَّصَّ بوَصفِ حَالَتِهِ فِي المستَشفَى قَائِلاً "أَلمَحُهَا بَينَ إِغفَاءَةٍ وَإِفَاقَةٍ" وَهَذَا يُبَيِّنُ أَنَّهُ لَا يَستَطِيعُ أَن يَرَى بَاقَاتِ الوَردِ بِوُضُوحٍ فَهُوَ يَلمَحُهَا فَقَط ثُمَّ يَفقِدُ وَعيَهُ مَرَّةً أُخرَى وَهَذَا يَدُلُّ عَلَى شِدَّةِ التَّعبِ وَالمَرَضِ، وَاستَخدَمَ أَيضًا كَلِمَةَ الإفَاقَةِ فِي وَصفِ حَالَةِ الزُّهُورِ بَعدَ قَطفِهَا عِندَمَا قَال إِنَّهَا "أَفَاقَت عَلَى عَرضِهَا فِي زُجَاج الدَّكَاكِينَ" وَهَذَا يَدُلُّ عَلَى شِدَّةِ التَّعبِ الَّذِي تَسَبَّبَ فِيهِ القَطفُ. استَخدَمَ الشَّاعِرُ أُسلُوبَ التَّكرَار عِندَمَا كَرَّرَ كَلِمَةَ "لَحظَة" ثَلَاثَ مَرَاتٍ وَاصِفاً لَحظَةِ قَطفِ الزُّهُورِ لِيُؤكِّدَ صُعُوبَةَ هَذِه اللَّحظَةِ وَمَدَى تَأثيرِهَا عَلَى حَيَاةِ الزُّهُورِ، فَهِيَ مِثل لَحظَةِ مَرَضِه بالسَّرَطَانِ، تِلكَ اللَّحظَة الَّتي غَيَّرَت حَيَاتَهُ. استَخدَمَ أَيضًا أُسلُوبَ التَّشخِيصِ عِندَما قَال "تَتَحَدَّثُ لِي الزَّهرَاتُ الجَمِيلَةُ" وَهَذَا يَدُلُّ عَلَى التَّفاهُمِ بَينَ الشَّاعِرِ وَالزُّهُورِ وَمشَارَكَةِ الزُّهُورِ مَشَاعِرِ الشَّاعِرِ لِأَنَّهَا تَشكُو آلَامَهَا لَهُ، وَالإنسَان دَائِمًا يَشكُو هُمُومَه

وَأَحزَانَه لِمَن يَفهَمُهُ وَيَشعُرُ بِهِ. يَحسُّ الشَّاعِرُ بِآلَام الزُّهورِ فَهُوَ غَيرُ رَاضٍ تَمَاماً عَلَى قَطفِهَا مُتَّهِماً الَّذِينَ يَهُدونَهُ تلكَ الزُّهورَ بِارتكَابِ أعظَمِ الجَرَائِمِ وَهِيَ القَتلُ، هَذَا الاتِّهامُ فِيهِ تَعظِيمٌ لِحَيَاةِ الزُّهورِ الَّتي في نَظَرِ الشَّاعِرِ مِثل حَيَاةِ الإنسَانِ، فالزُّهُورُ مِن وِجهَةِ نَظَر دُنقُل تَحسُّ أَيضًا بِآلَام الشَّاعِرِ وَتَتَمَنَّى لَهُ العُمرَ المَديدَ عَلَى الرَغمِ مِن تَألُّمِهَا وَهَذَا يَدُلُّ عَلَى قِمَّةِ التَّضحِيَةِ مِن أجلِ الشَّاعِرِ.

تُشَاركُ الزُّهور الشَّاعِرَ مَصِيرَهُ وَهُوَ المَوت، فالشَّاعِرُ يَصِفُهَا بِأنَّها "تَجُودُ بِأنفَاسِها الآخِرَةِ" وَهَذَا يَدُلُّ عَلَى اقتِرَاب أَجَلِهَا، الأمرُ الَذي حُسِمَ بَعدَ قَطفِهَا، كَمَا يَعرفُ الشَّاعِرُ أَيضًا أَنَّه لَم يَتَبَقَّ لَه مِن العُمرِ كَثيراً بِسَبَبِ مَرَضِهِ المُمِيتِ، وَيَقُولُ أَيضًا إنَّ الزُّهُورَ تَتَنَفَّسُ مِثله بِالكَادِ، وَهَذِه إشَارَةٌ أَيضًا إِلَى اقتِرابِ المَوتِ، وَخِلَال النَصِّ يَبدُو أَنَّ الشَّاعِرَ مَتَقَبِّلٌ مَصِيرهِ وَإن كَانَ مُخِيفاً وَمُؤلِماً فَهُو يَرَى المَوتَ فِيمَا حَولَهُ، وَذلكَ لِأَنَّه لَا يُمكِنُه فِعلُ شَيءٍ لِدَفعِ المَوتِ عَن نَفسِهِ، لَا سِيمَا عَن الزُّهُورِ الَّتِي يَصِفُهَا هِيَ الأخرَى بِأنَّها "رَاضِيَّةٌ" بِمَوتِهَا حَامِلَة اسم قَاتِلِهَا في بطَاقَةٍ وَهَذَا يَدُلُّ عَلَى استِسلَامِهَا للمَوتِ رَغمَ شِدَّةِ الألَمِ.

٥. مَقَالَةٌ حَولَ قَصِيدَةِ "بَلقِيس"

٢٠٢٠/١١/٢٦م

قَصِيدَة بَلقِيس هِيَ قَصِيدَة كَتَبَهَا الشَّاعِرُ السُّورِيُّ نِزَار قَبَّانِي بَعدَ مَقتَل زَوجَتِهِ العِرَاقِيَّةِ بَلقِيس فِي انفِجَارِ السَّفَارَةِ العِرَاقِيَّةِ فِي بَيرُوتِ عَامَ ١٩٨١ يُعَبِّرُ فِيهَا عَن تِلكَ المَأسَاةِ وَكَيفَ غَيَّرَت حَيَاتَهُ وَيَبُوحُ بِمَشَاعِرِ الحُزنِ وَالأَلَمِ الَّتِي سَيطَرَت عَلَيهِ آنَذَاك. يُسَلِّطُ الشَّاعِرُ الضَّوءَ عَلَى سُوءِ الأَوضَاعِ فِي العَالَمِ العَرَبِيِّ مِن خِلَالِ هَذِهِ القَصِيدَةِ أَيضًا، حَيث يستَخدِمُ فِيهَا العَدِيدَ مِن الأَسَالِيبِ الفَنِّيَّةِ مِثل أَسَالِيبِ النِّدَاءِ وَالاستِفهَامِ البَلَاغِي وَالتَكرَارِ فِي النَّصِّ.

يُسَيطِرُ عَلَى النَّصِّ العَدِيدُ مِن العَوَاطِفِ أَوَّلُهَا عَاطِفَةُ الحُبِّ فَيَقُول نِزَار "هَل تَعرَفُونَ حَبِيبَتِي بَلقِيس؟" وَهَذَا الاستِفهَامُ البَلَاغِي يُفِيدُ التَّعظِيمَ، فَبَلقِيس أَهَمُّ إِنسَانٍ بِالنِّسبَةِ إِلَيهِ وَيَجِبُ أَن يَعرَفَهَا الجَمِيعُ. يُؤَكِّدُ نِزَار عَلَى ذَلِكَ أَيضًا بِتَكرَارِ اسم بَلقِيس خِلَال النَّصِّ أَكثَر مِن مَرَّةٍ وَكَأَنَّهُ يُرِيد تَرسِيخَ هَذَا الاسم فِي قُرَّاءِ قَصِيدَتِه. وَلَم تُرَكِّزْ قَصِيدَتُهُ عَلَى عَاطِفَةِ الحُبِّ فَقَط، فَقَد عَبَّرَ نِزَار عَن عَاطِفَةٍ أُخرَى أَيضًا هِيَ عَاطِفَةُ الوَحدَةِ حَيثُ يَقُولُ "فَمَن تُرَى يَبكِي عَلَيَّا" وَهَذَا الاستِفهَامُ يُفِيدُ النَّفيَّ وَكَأَنَّهُ يَقُول إِنَّ لَيسَ لَدَيهِ أَحَدٌ يَبكِي عَلَيهِ لِأَنَّهُ أَصبَحَ وَحِيداً بَعدَ مَوتِهَا، وَقَولُه "لا تَتَغَيَّبِي عَنِّي" يَدُلُّ أَيضًا عَلَى شُعُورِه بِالوَحدَةِ فَهوَ بِحَاجَةٍ شَدِيدَةٍ إِلَى عَودَتِهَا وَيَتَحَدَّثُ إِلَيهَا كَأَنَّهَا حَيَّةٌ وَيُمكِنُهَا الرُّجُوعُ إِلَيهِ فِي أَيَّةِ لَحظَةٍ،

وَهُوَ لَا يَستَطِيعُ إِدرَاكَ الوَاقِعَ الأَليَمَ. مِن العَوَاطِف الأُخرَى الَّتِي ظَهَرَت فِي القَصِيدَة هِيَ الإِحبَاطُ حَيث يَقُولُ "فَإِنَّ الشَّمسَ بَعدَك لَا تُضِيءُ عَلَى السَّوَاحِلِ" فَهُوَ أَصبَحَ لَا يَرَى الجَمَالَ فِيمَا حَولَهُ، لَا يَرَى لِلشَّمسِ ضَوءاً، وَكَأَنَّ بَلقِيس ابتَلَعَت كُلَّ الضَّوءِ الَّذِي كَانَ عَلَى الأرضِ مَعَهَا وَتَرَكَتهُ فِي الظَّلَامِ. فِي النَّصِّ أَيضًا عَاطِفَةُ التَّشَاؤم وَتَظهَرُ فِي سُؤَالِ نِزَار "هَل يَا تُرَى مِن بَعدِ شَعرِكِ سَوفَ تَرتَفِعُ السَّنَابِلُ؟" وَهَذَا يُفِيدُ النَّفيَّ وَكَأَنَّهُ يَقُولُ إِنَّ السَّنَابِلَ لَن تَرتَفِع وَهِيَ الَّتِي تَأتِي كَرمزٍ لِلحَيَاةِ الَّتِي لَم تَعُد مَوجُودَةً بَعدَ بَلقِيس. تُسَيطِرُ عَلَى النَّصِّ أَيضًا عَاطِفَتَا الأَلَم وَالحُزنِ كَمَا فِي قَولِهِ "بَلقِيسُ يَا وَجَعِي" وَقَولِهِ "كُلّ غَمَامَةٍ تَبكِي عَلَيكِ". وَهُنَا يُوجَد تَشخِيصٌ لِلسَّحَابِ حَيثُ شَبَّه السَّحَابَة بِإِنسَان يَبكِي وَالمَطَرَ الَّذِي يَنزِلُ مِنهَا بِالدُّمُوعِ، وَالدُّمُوعُ الَّتِي تَنزِلُ مِن سَحَابَةٍ وَاحِدَةٍ فَقَط تَكُونُ غَزِيرَةً فَكَيفَ تَكُونُ الدُّمُوعُ الَّتِي تَنزِلُ مِن كُلِّ السَّحَابِ؟ وَآخِرُ عَاطِفَةٍ هِيَ الغَضَبُ حَيثُ يَقُولُ "هَا نَحنُ نَدخُلُ فِي التَّوَحُّشِ وَالتَّخَلُّفِ...وَالبَشَاعَةِ...وَالوَضَاعَةِ" فَهُوَ مُستَاءٌ مِن وضعِ الأُمَّةِ العَرَبِيَّةِ وَيَرَى أَنَّ الَّذِي يَحدُثُ مِن صِرَاعٍ وَقَتلِ العَرَبِ بَعضِهِم بَعضًا لَيسَ مِن التَّحَضُّرِ. كَمَا عَبَّرَ عَن غَضَبِهِ مِن اغتِيَالِ "فَرَاشَةٍ فِي حَقلِهَا" مُشَبِّهًا بَلقِيس بِالفَرَاشَةِ الرَّقِيقَةِ البَرِيئَةِ الَّتِي اغتِيلَت وَهِيَ تَطِيرُ وَهَذَا يَدُلُّ عَلَى شِدَّةِ الظُّلمِ الَّذِي تَعَرَّضَت إِلَيهِ بَلقِيس وَهِيَ الَّتِي لَيسَت لَهَا عَلَاقَةٌ بِتِلكَ الصِّرَاعَاتِ.

بَدَأَ الشَّاعِرُ النَّصَّ بِأُسلُوبِ التَّكرَارِ عِندَمَا كَرَّرَ شُكرَه لِقَتَلَةِ بَلقِيس قَائِلاً "شُكراً لَكُم.. شُكراً لَكُم" عَلَى الرَّغمِ مِن أَنَّهُم لَا يَستَحِقُّونَ الشُّكرَ عَلَى فِعلِهِم فَهَذَا التَّكرَارُ فِيه تَوبِيخٌ لِقَتَلَةِ بَلقِيس وَسُخرِيَّةٌ مِنهُم، وَأَنَّ الَّذِي فَعَلُوه لَيسَ عَمَلاً بُطُولِيّاً كَمَا يَعتَقِدُون بَل عَمَلاً يَستَحِقُّونَ عَلَيه أَشَدَّ عِقَابٍ. كَرَّرَ أَيضًا كَلِمَةَ "كَانَت" فِي قَولِه "كَانَت أَجمَلَ المَلِكَاتِ... كَانَت أَطوَلَ النَّخَلَاتِ...كَانَت إِذَا تَمشِي" وَذَلِكَ يُؤَكِّدُ فِرَاقَ بَلقِيس وَأَنَّهَا أَصبَحَت جُزءاً مِن المَاضِي. لِذَلِكَ يَقُولُ "مُشتَاقُون ... مُشتَاقُون ... مُشتَاقُون" تَأكِيداً لِافتِقَادِه واشتِيَاقِه لَهَا مُستَخدِماً التَّكرَارِ مَرَّةً أُخرَى. كَمَا أَنَّه يُكَرِّرُ "لَو أَنَّهُم.." فِي ذِكرِ أَشيَاء عَظِيمَةٍ كَانَ يُمكِنُ لِقَتَلَةِ بَلقِيس فِعلُهَا بَدَلاً مِن القَتلِ البَشِعِ الَّذِي ارتَكَبُوهُ لِإشعَارِهِم بِالعَارِ مِمَّا فَعَلُوه، فَهُم قَتَلوا بَلقِيس ظُلماً بَدَلاً مِن مُقَاوَمَةِ الاحتِلَالِ الإِسرَائِيلِي بِالحَجَرِ ـالَّذِي هُوَ رَمزٌ لِلمُقَاوَمَةِ وَالكَرَامَةِـ، وَتَحرِيرِ الفِلَسطِينِيِّينَ، واستِردَادِ الأَرضِ الفِلَسطِينِيَّة الَّتِي تَنمُو عَلَيهَا أَشجَارُ الزَّيتُونِ وَاللَّيمُونِ وَالبُرتُقَالِ، وَهِيَ أَفعالٌ عَظِيمَةٌ.

يُكثِرُ الشَّاعِرُ مِن النِّدَاءِ عَلَى بَلقِيس قَائِلاً "يَا عُصفُورَتِي الأَحلَى وَيَا أَيقُونَتِي الأَعلَى" وَ "يَا مَعشُوقَتِي" وَ "يَا مَعبُودَتِي" فَهُو يَتَغَزَّلُ فِيهَا وَيُشَبِّهُهَا بِالأَشيَاءِ الجَمِيلَةِ مِثل العُصفُورَةِ وَالأَشيَاءِ العَظِيمَةِ المُقَدَّسَةِ مِثل الأَيقُونَةِ مِمَّا يَدُلُّ عَلَى شِدَّةِ حُبِّهِ لَهَا وَعَظَمَةِ مَكَانَتِهَا. يَستَخدِمُ أُسلُوبَ التَّشبِيهِ أَيضًا مُنَادِيًا "يَا أَموَاجَ دِجلَة" حَيثُ شَبَّهَ بَلقِيس بِالمَوجِ الَّذِي يُحَرِّكُ مَاءَ النَّهرِ العَذبِ النَّقِيِّ الَّذِي يَعتَمِدُ عَلَيهِ أَهلُ العِرَاقِ فِي حَيَاتِهِم،

وَهَذَا يَدُلُّ أَيْضًا عَلَى مَكَانَتِهَا الْعَظِيمَةِ، وَالْمُهِمَّةِ بِالإِضَافَةِ إِلَى طَهَارَتِهَا وَنَقَائِهَا. تَدُلُّ كَثْرَةُ النِّدَاءِ وَاسْتِخْدَامُ أَدَاةِ النِّدَاءِ "يَا" عَلَى بُعْد بَلْقِيس مِن نِزَار فَهِيَ لَا تَبْدُو أَنَّهَا تَسْمَعُه وَلَا تُجِيبُ نِدَاءَهُ وَلَو أَنَّهَا كَانَت قَرِيبَةً مِنهُ لَمَا احْتَاجَ إِلَى كُلِّ هَذَا النِّدَاءِ وَتُؤَكِّدُ كَثْرَةُ النِّدَاءِ أَيْضًا اشْتِيَاقَهُ لَهَا. وَلَكِنَّ نِزَار يُنَادِي أَيْضًا عَلَى بَلْقِيس بِدُونِ أَدَاةِ النِّدَاءِ الأَمْرُ الَّذِي يَدُلُّ عَلَى قُرِبِهَا مِنهُ فِي نَفْسِ الوَقْتِ، فَهِيَ بَعِيدَةٌ عنهُ بِمَوتِها وَلَكِنَّهَا قَرِيبَةٌ مِنهُ فِي ذِهْنِهِ وَرُوحِهِ.

كُلُّ هَذِهِ الأَسَالِيبِ الفَنِّيَّةِ استَخْدَمَهَا الشَّاعِرُ فِي التَّعْبِيرِ عَنِ الأَفْكَارِ الرَّئِيسِيَّةِ وَهِيَ حُزْنُه الشَّدِيدُ عَلَى مَقْتَلِ زَوجَتِهِ بَلْقِيس وَحُبُّهُ الشَّدِيدُ لَهَا. كَمَا أَنَّهُ يُعَبِّرُ أَيْضًا عَن غَضَبِهِ الشَّدِيدِ مِن القَتَلَةِ وَالوَضْعِ السَّيِّءِ فِي العَالَمِ العَرَبِيِّ الَّذِي انتَشَرَ فِيه القَتْل وَأَصبَحَ المَوتُ فِي كل مَكَانٍ وَأَصبَحَ جزءًا مِن كَلامِهِم. مِن الأَفكَارِ الفَرعِيَّةِ الَّتِي ظَهَرَت فِي القَصِيدَةِ حِرصُ العَرَبِ عَلَى السَّلَامِ فِيمَا بَينَهُم وَنَصرُ بَعضِهِم بَعضًا، وَبِالأَخَصِّ مَعَ فِلَسطِينَ فِي مَوَاجَهَةِ الاحتِلَالِ الإِسرَائِيلِي.

٢٠٢٠/١٢/٤م

يَقُومُ الشَّاعِرُ السُّودَانِي مُحَمَّد الفَيْتُورِي فِي قَصِيدَةِ "أَغَانِي إِفرِيقِيَا" بِالنَّدَاءِ عَلَى إِخْوَانِهِ فِي جَمِيعِ أَنحَاءِ الأَرضِ وَدعوَتِهِم لِمُشَارَكَتِهِ فِي القِيَام بِثَورَةٍ ضِدَّ المُستَعمِرِين الأُورُوبِيِّين، كَمَا يُعَبِّرُ عَن انتِمَائِه لِإفرِيقِيَا وَفَخرِهِ بِهَا. فِي بِدَايَةِ النَّصِّ يَتَحَدَّثُ الشَّاعِرُ عَن تَارِيخ الاستِعمَار وَالاستِعبَادِ الَّذِي عَانَى مِنهُ الإِفرِيقِيون لِزَمَنٍ وَيُشَبِّهُ العَيشَ تحت الاستِعمَارِ بِالعَيشِ فِي "أَكفَانِ الدُّجَى" وَكَأَنَّهُ يَقُولُ إِنَّ العَيشَ بِلَا حُرِّيَّةٍ مِثل المَوتِ.

فِي البَيتِ السَّابِعِ، يُوَاصِلُ الحَدِيثَ عَن الذُّلِّ الَّذِي عَاشُوا فِيهِ وَاصِفا الإِفرِيقِيِّين بِأَنَّهُم كَانُوا حُفَاةً عُرَاةً جَائِعِين بِسَبَبِ الاستِعمَارِ الَّذِي استَغَلَّ وَنَهَبَ ثَرَوَاتِهُم بِغَيرِ حَقٍّ. وَكَانَ هَذَا بِدَايَةَ الصِّرَاعِ بَينَ المُستَعمَر الإِفرِيقِي وَالمُستَعمِرِ الأُورُوبِيِّ وَلَكِنَّهُ كَانَ صِرَاعًا خَفِيًّا فِي البِدَايَةِ لِأَنَّ الإِفرِيقِيِّين ظَلُّوا خَاضِعِين لِلمُستَعمِرِين الَّذِين كَانُوا يَستَضعِفُونَهُم الأَمرُ الَّذِي أَوهَمَ المُستَعمِرَ بِالنَّصرِ وَالقُوَّةِ وَالنَّجَاحِ فِي الاستِعبَادِ.

استَخدَمَ الشَّاعِرُ تَعبِيرَاتٍ مِثل "جبهة العَبد.. وَنَعل السَّيِّد" وَ"الأَسوَد المضطَهَد" وَ"الأَجنَبِي المعتَدي" واستِخدَامُ هَذِه الكَلِمَاتِ المتَضَادَّةِ يُبَيِّنُ أَيضًا هَذَا الصِّرَاعَ، فَعَلَاقَةُ العَبد بِسَيِّدِه لَيسَت عَلَاقَةَ حُبٍّ وَإِنَّمَا عَلَاقَةُ

احتِقَارٍ وَكُرهٍ. وَيصِفُ الفَيتُوري فَترَةَ مَا بَعدَ الاضطِهَادِ وَالضَّعفِ وَهِيَ مَرحَلَةُ الثَّورَةِ عَلَى المُستَعمِرِين وهَذِهِ هِيَ ذَروَةُ الصِّرَاعِ. يَقُولُ الشَّاعِرُ "المَلَايِينُ أَفَاقَت مِن كَرَاهَا" مُعَبِّرًا عَن بِدَايَةِ تِلكَ الثَّورَةِ وَقُوَّةِ المُستَعمَرِين الإِفرِيقِيِّين فِي اتِّحَادِهِم ضِدَّ المُستَعمِرِين الأُورُوبِيِّين. يُعَبِّرُ الشَّاعِرُ أَيضًا عَن غَضَبِهِ مِن المُستَعمِرِين مِن خِلَالِ تَعبِيرِهِ عَن فَخرِهِ الَّذِي يَنفِي ظُنُونَ المُحتَلِّينَ؛ يَقُولُ "إِفرِيقِيَّتِي لِي.. أَرضِي لِي.. لِي حُرِّيَّتِي" وَتَكرَارُ يَاءِ المِلكِيَّةِ وَضَمِيرِ المِلكِيَّةِ مَعًا يُؤَكِّدُ فَخرَهُ بِأَرضِه وَحُرِّيَّتِهِ كَمَا أَنَّهُ يُؤَكِّدُ أَيضًا أَنَّ أَرضَهُ وَحُرِّيَّتَهُ مِن حَقِّهِ هُوَ وَلَيسَ لِلمُستَعمِرِ حَقٌّ فِيهَا. كَأَنَّهُ يَقُولُ لِلمُستَعمِرِينَ الأُورُوبِيِّينَ إِنَّ أَرضِي الَّتِي تُحَاوِلُونَ أَخذَهَا وَحُرِّيَّتِي لَيسَت لَكُم. كَمَا يُبَيِّن الفَيتُورِي فِي نِهَايَةِ القَصِيدَةِ أَنَّ أَجدَادَهُ مَاتُوا عَلَى هَذِهِ الأَرضِ وَأَنَّهُ سَوفَ يَتبَعُهُم مِن بَعدِ أَبِيهِ ثُمَّ سَيَرِثُ الأَرضَ أَحفَادُهُ. وَهَذَا يُؤَكِّدُ حَقَّ الإِفرِيقِيِّينَ فِي أَرضِهِم وَمَدَى تَعَلُّقِهِم بِهَا فِي المَاضِي وَالحَاضِرِ وَالمُستَقبَلِ، وَفِيهِ أَيضًا تَحَدِّي لِلمُستَعمِرِينَ. فَقَولُهُ "رَكَّزنَا فَوقَهَا أَعلَامَنَا" يَدُلُّ عَلَى انتِصَارِ الإِفرِيقِيِّينَ وَقَولُهُ "سَتَبقَى أَرضُ إِفرِيقِيَا لَنَا" يَدُلُّ عَلَى ثِقَتِهِ فِي استِمرَارِ هَذَا النَّصرِ وَفَشَلِ أَيِّ مُحَاوَلَةٍ أُخرَى فِي الاستِعمَارِ.

تَبْدَأُ قِصَّةُ "شَيءٍ يُجَنِّن" لِلكَاتِبِ المِصريِّ يُوسف إِدريس بِوَصفِ الأوضَاعِ في سِجنٍ عُمُوميّ يَقَعُ في مَدِينَة لَم يُذكَر اسمُها، وَهُوَ مَكَانُ القِصَّةِ، وتُروَى الأحدَاثُ مِن خِلَالِ الرَّاوي الخَارِجي، حَيثُ يَبدَأُ الكَاتِبُ بِتَقدِيمِ رِيتَا كَلبَةِ المَأمُورِ في ذَلِكَ السِّجنِ وَهيَ إحدَى الشَّخصِيَّاتِ الرَّئِيسِيَّةِ في القِصَّةِ. تَعِيشُ رِيتَا في السِّجنِ مَعَ المَأمُورِ وَذَلكَ لَهُ أَثَر كَبِير عَلَى بُعدِهَا الاجتِمَاعِيِّ، فَهِيَ لَيسَت حُرَّة وَلَكِنَّ الرَّاوي يَقُولُ إِنَّها "كَانَت تَتَمَتَّعُ في السِّجنِ بِحُريَّة تُحسَدُ عَلَيها" لِأَنَّها تَتَحَرَكُ بِحُريَّة في السِّجنِ أَكثَر بِكَثِير مِن المَسَاجين. كَانَت تَكرَهُ رِيتَا العَيشَ في السِّجنِ، وَلَطَالَمَا كَانَت تَشعُرُ بِالوَحدَةِ أَيضا، فَلَم تَكُن تَختَلِطُ بِكِلَاب أُخرَى، وَكَان لِهَذَا أَثَر عَلَى بُعدِهَا الدَّاخِلِيِّ وَيُمَثِّلُ أَيضا صِرَاعا دَاخِلِيًّا في نَفسِ الوَقتِ، حَيثُ كَانَت تُحَاوِلُ أَن تَصبِرَ عَلَى هَذِه الحَيَاةِ وَلَكِنَّها لَم تَعد تَستَطِيعُ التَّحَمُّلَ وَسَاءَت أَخلَاقُها وَتَصَرُّفَاتُها؛ حَتَّى أَنَّها كَانَت تَنبَحُ وَتَعوي طُوَالَ اللَّيلِ بِلَا سَبَب وَتَرفُضُ الطَّعَامَ وَتُبَعثِرُ كَلَّ مَا في الخِزَانَةِ، وَهَكَذَا تَحَوَّلَ الصِّرَاعُ الدَّاخِلِيُّ إِلَى صِرَاع خَارِجِيّ مَعَ زَوجَةِ المَأمُورِ الَّتِي خَيَّرَت زَوجَها بَينَ التَخَلُّصِ مِن رِيتَا وَتَركِهَا البَيتِ. لَم يُرِد المَأمُورُ الخِيَارَ بَينَ الأمرَين وَفَكَّرَ في حَلّ آخَر: البَحثُ عَن كَلب لِرِيتَا، وَهَذَا هُوَ الحَدَثُ الصَّاعِدُ.

مَأْمُورُ السِّجْنِ مِن الشَّخْصِيَّاتِ الرَّئِيسِيَّةِ أَيْضًا. بُعْدُهُ الخَارِجِيُّ هُوَ أَنَّهُ سَمِين، أَسْمَرُ البَشَرَةِ وَلَدَيْهِ شَامَةٌ عَلَى وَجْنَتِهِ اليُمْنَى. بُعْدُهُ الدَّاخِلِيُّ هُوَ أَنَّهُ مُتَدَيِّنٌ، طَبْعُهُ شَدِيدٌ وَقَاسٍ، وَهُوَ شَدِيدُ التَّعَلُّقِ بِزَوْجَتِهِ وَالكَلْبَةِ رِيتَا كَمَا أَنَّهُ مُتَطَفِّلٌ أَيْضًا؛ فَكَانَ يَسْتَمِعُ وَيَتَدَخَّلُ فِي الحِوَارَاتِ الَّتِي تَحْدُثُ فِي زِيَارَاتِ السِّجْنِ وَإِن كَانَت حِوَارَاتٌ شَخْصِيَّةٌ وَخَاصَّةٌ. تُمَثِّلُ زَوْجَتُهُ إِحْدَى الشَّخْصِيَّاتِ الثَّانَوِيَّةِ وَبُعْدُهَا الخَارِجِيُّ هُوَ أَنَّهَا شَابَّةٌ أَصْغَرُ مِن زَوْجِهَا بِخَمْسَةَ عَشَرَ عَامًا عَلَى الأَقَلِّ. مِن الشَّخْصِيَّاتِ الرَّئِيسِيَّةِ الأُخْرَى فِي القِصَّةِ فَوزِي وَهُوَ سَجِينٌ مَحْكُومٌ عَلَيْهِ فِي اخْتِلَاسٍ، وَمُوَظَّفٌ فِي السِّجْنِ وَلَدَيْهِ بِنْتٌ عُمرُهَا سِتَّةَ عَشَرَ عَامًا، وَهَذَا هُوَ بُعْدُهُ الاجْتِمَاعِيُّ. أَمَّا البُعْدُ الخَارِجِيُّ، فَهُوَ نَحِيفٌ طَوِيلُ الوَجْهِ يَلْبِسُ نَظَّارَةً وَبَدلَةَ السِّجْنِ. كَانَت عَائِلَةُ فَوزِي مِن الشَّخْصِيَّاتِ الثَّانَوِيَّةِ وَكَانَت تَزُورُهُ أُسْبُوعِيًّا. أَمَّا الشَّخْصِيَّةُ المِحْوَرِيَّةُ فَهِيَ الكَلْبُ فَارِس، وَهُوَ كَلْبُ عَائِلَةِ السَّجِينِ فَوزِي. بُعْدُهُ الخَارِجِيُّ هُوَ أَنَّهُ كَلْبٌ قَوِيٌّ وَضَخْمٌ مِن نَوعِيَّةِ الوُلف. عِنْدَمَا رَأَى المَأْمُورُ فَارِس فِي إِحْدَى زِيَارَاتِ عَائِلَةِ فَوزِي، أَخَذَهُ إِلَى إِحْدَى مَخَازِنِ السِّجْنِ لِيُعَرِّفَهُ عَلَى رِيتَا، لَكِن سُرعَانَ مَا بَدَأَ يَنْبَحُ نُبَاحًا شَدِيدًا لَحْظَةَ دُخُولِهِ المَخْزَنِ دُونَ مَعْرِفَةِ أَحَدِ السَّبَبِ، وَيُمَثِّلُ هَذَا الحَدَثُ ذِرْوَةَ هَذِهِ القِصَّةِ. ذَكَرَ الرَّاوِي بَعْضَ الأَسْبَابِ المُحْتَمَلَةِ لِهَذَا النُّبَاح، وَمِنهَا: رُؤْيَتُهُ لِمِئَاتِ المَسَاجِينَ بِبَدَلِهِم الزَّرْقَاءِ، وَرُؤْيَتُهُ لِزِيَارَاتِ الأَهَالِي الَّتِي تَبْدُو لَكَ"مُظَاهَرَة مَجْنُونَة حَافِلَة بِالأَيَادِي المُشَوَّحَة والاسْتِغَاثَاتِ وَالدُّمُوع"، وَرُؤْيَتُهُ لِلْقُضْبَانِ فِي كُلِّ مَكَانٍ، وَمَنْظَرُ أَرْغِفَةِ عَيْشِ السِّجْنِ. يُسَلِّطُ هَذَا الوَصْفُ الضَّوءَ عَلَى سُوءِ الأَوضَاعِ فِي السِّجْنِ.

وَاجَهَ فَارِس صِرَاعًا دَاخِلِيًّا يَتَشَابَهُ مَعَ الصِّرَاعِ الَّذِي وَاجَهَتْهُ رِيتَا، وَتَحَوَّلَ إِلَى صِرَاعٍ خَارِجِيٍّ مَعَ المَأْمُورِ وَمُوَظَّفِي السِّجنِ. أَخَذَ فَارِس يُحَاوِلُ الهُرُوبَ مِنَ المَخزَنِ حَتَّى نَجَحَ. غَضَبَ المَأْمُورُ مِن فَوزِي لِهُرُوبِ كَلبِهِ وَأَمَرَ بِإِحضَارِ فَارِس فِي الزِّيَارَةِ القَادِمَةِ وَلَكِنَّ هَذِهِ المَرَّةَ، وَضَعَهُ فِي مَكَانِ الحَبسِ الانفِرَادِي حَتَّى لَا يَستَطِيعُ الهُرُوبَ. ظَلَّ فَارِس يَنبَحُ وَيُحَاوِلُ الهُرُوبَ حَتَّى فَتَحَ الشَّاوِيشُ البَابَ لِإِحضَارِ الطَّعَامِ لَهُ. انتَهَزَ هَذِهِ الفُرصَةَ وَقَفَزَ عَلَى الشَّاوِيشِ وَهَرَبَ ثَانِيَةً، وَيُمَثِّلُ هَذَا الحَدَثُ الحَدَثَ النَّازِلَ. أَمَّا فِي النِّهَايَةِ، فَقَد جَاءُوا بِهِ لِلمَرَّةِ الثَّالِثَةِ وَأَخَذَ يَنبَحُ طُوَالَ اليَومِ وَاللَّيلِ وَيُحَاوِلُ الهُرُوبَ حَتَّى نَجَحَ فِي الهُرُوبِ مِن بَينِ حَدِيدَتَينِ فِي السَّقفِ وَلَكِنَّهُ هَذِهِ المَرَّةُ لَم يَعُد وَلَم يَرَاهُ أَحَدٌ بَعد.

تَتَضَمَّنُ القِصَّةُ بَعضَ الأفكَارِ الرَّئِيسِيَّةِ مِثلِ تَسَبُّبِ السُّلطَةِ فِي طُغيَانِ الإِنسَانِ وَأَحيَانًا عَدَمِ إِدرَاكِهِ هَذَا الطُّغيَانِ، وَنَرَى ذَلِكَ عِندَمَا كَانَ المَأْمُورُ يَتَعَامَلُ مَعَ الكَلبِ فَارِس بِقَسوَةٍ وَيَأْمُرُ بِحَبسِهِ وَيَعجَبُ مِن رَدِّ فِعلِ فَارِس ظَانًّا أَنَّهُ فَقَط جَائِعٌ. بِالإِضَافَةِ إِلَى ذَلِكَ كَانَت هُنَاكَ فِكرَةٌ أُخرَى هِيَ الظُّلمُ فِي السِّجنِ، فَكَانَ الكَلبُ فَارِس يُمَثِّلُ السَّجِينَ المَظلُومَ الَّذِي وُضِعَ فِي السِّجنِ لِأَسبَابٍ شَخصِيَّةٍ دُونَ ارتِكَابِهِ أَيِّ جَرِيمَةٍ تَستَحِقُّ العِقَابَ. كَمَا رَأَينَا أَنَّ أَجوَاءَ السِّجنِ الكَئِيبَةِ يَصعُبُ عَلَى الكَلبِ تَحَمُّلُهَا لَحظَةً وَاحِدَةً فَكَيفَ يَتَحَمَّلُهَا المَسَاجِينُ لِأَعوَامٍ طَوِيلَةٍ، وَهَذِهِ الأَجوَاءُ الكَئِيبَةُ تُؤَثِّرُ عَلَى المَسَاجِينِ نَفسِيًّا كَمَا أَثَّرَت عَلَى نَفسِيَّةِ الكَلبَينِ. تُسَلِّطُ

القِصَّةُ الضَّوءَ أيضًا عَلَى سُوءِ الأوضَاعِ فِي السِّجن وَسُوءِ التَّعَامُلِ مَعَ المَساجِينِ، فَكَانَ المَأمُورُ يَغضَبُ مِن فَوزي وَالشَّاويشِ دُونَ أَن يَفعَلَا شَيئًا يَستَحِقُّ الغَضَبَ، بَل كَانَ يَغضَبُ حَتَّى عِندَمَا كَانَا يُطِيعَانِ أَوَامِرَهُ، وَكَانَ يُهَدِّدُهُمَا بِالنَّقلِ إِلَى سِجنِ الوَاحَاتِ. وَآخَرُ فِكرَةٍ تَضَمَّنَتها القِصَّةُ هِيَ المُقَاوَمَةُ مِن أجلِ الحُرِيَّةِ، فَكَانَ الكَلبُ فَارِس مُصِرًّا وَعَازِمًا عَلَى عَدَمِ البَقَاءِ فِي السِّجنِ، وَظَلَّ يُحَاوِلُ الهُرُوبَ بِكُلِّ قُوَّتِهِ عَلَى الرَّغمِ مِن صُعُوبَةِ الهُرُوبِ بِسَبَبِ القُضبَانِ المَتِينَةِ المُحِيطَةِ بِهِ حَتَّى نَجَحَ فِي الهُرُوبِ ثَلَاثَ مَرَّاتٍ وَلَم يَستَسلِم حَتَّى استَرَدَّ حُرِيَّتَهُ فِي النِّهَايَةِ.

أَفْكَارٌ وَقَضَايَا فِي كِتَابِ كَلِيلَة وَدمنَة

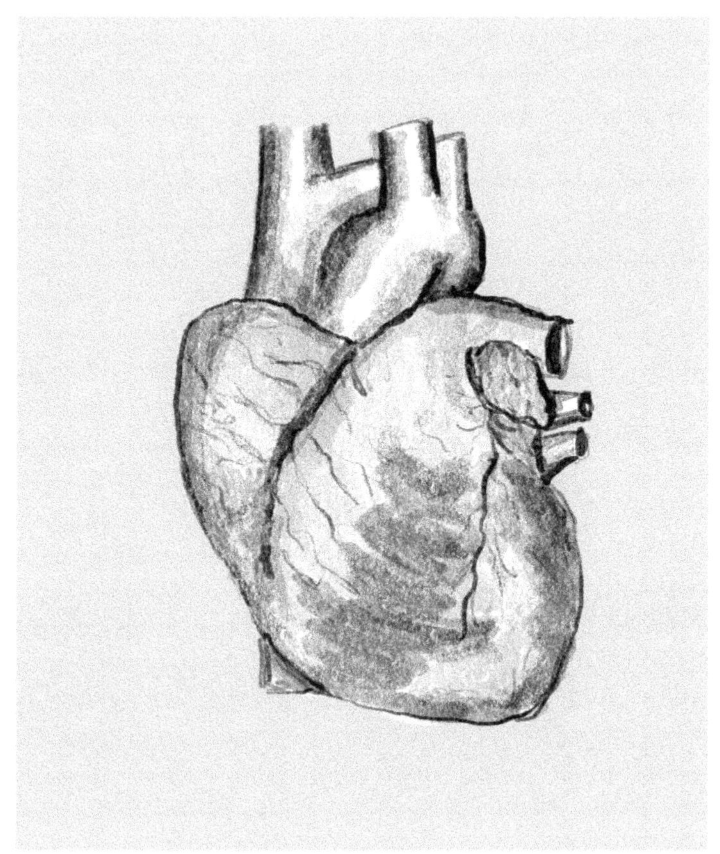

تَتَحَدَّثُ قِصَّةُ "القُبَّرَةِ وَالفِيلِ" عَن اعتِدَاءِ فِيل عَلَى عُشِّ قُبَّرَة وَمكرِ القُبَّرَةِ وَذَكَائِهَا فِي الانتِقَامِ مِنهُ رَغمَ ضَعفِهَا. الشَّخصِيَّةُ المِحوَرِيَّةُ هِيَ القُبَّرَةُ، وَبعدُهَا الخَارِجيُّ أَنَّهَا صَغِيرَة وَضَعِيفة وَأَنَّهَا مِن إحدَى أنوَاعِ الطيورِ. أمَّا بُعدُهَا الدَّاخِلِيُّ، فَهِيَ تَمتَازُ بِالجُرأَةِ وَلَا تَخَافُ الفِيلَ رَغمَ قُوَّتِهِ بَل إنَّهَا تَوَاجِهُهُ. وَلِأَنَّهَا ذَكِيَّة أَيضا، استَعَانَت القُبَّرَةُ بحيَوَانات أُخرَى لِتُسَاعِدُهَا عَلَى الانتِقَامِ مِن الفِيلِ، وَمُوَافَقَةُ الحيَوَانَاتِ عَلَى مساعَدَتِهَا تَدُلُّ عَلَى حُبِّ الحَيَوَانَاتِ لَهَا. يُمَثِّلُ الفِيلُ شَخصِيَّة رَئِيسِيَّة فِي القِصَّةِ وَبعدُهُ الخَارِجِيُّ أَنَّهُ قَوِيّ وَحَجمُهُ كَبِير. يُعرَفُ بِأَنَّهُ متَكَبِّر وَمَغرُور بِقُوَّتِهِ، فَعِندَمَا وَاجَهَتهُ القُبَّرَةُ لاعتَدَائِهِ عَلَى عُشِّهَا، رَدَّ قَائِلا "نَعَم، هَذَا هُوَ السَّبَب" دُونَ أَيّ شُعور بِالنَّدَمِ، وَهَذَا هُوَ بُعدُهُ الدَّاخِلِيُّ وَالنَّفسِيُّ. مِن الشَّخصِيَّاتِ الرَّئِيسِيَّةِ أَيضا الغِربَان وَالضَّفَادِع لِدَورِهِم المُهِّم فِي تَطَوُّرِ الحَبكَةِ، وَكَانَت الطُّيُورُ الأُخرَى مِن الشَّخصِيَّاتِ الثَّانَوِيَّةِ. كَانَ هنَاكَ صِرَاع خَارِجي بَينَ القُبَّرَةِ وَالفِيلِ بَدَأَ بِتَكسِيرِ الفِيلِ بَيضِ القُبَّرَةِ وَقَتلِ الفِرَاخِ، ثُمَّ انضَمَّ الغِربَانُ وَالضَّفَادِعُ إلَى الصِّرَاعِ بِتَعَاونِهِم مَعَ القُبَّرَةِ ضِدَّ الفِيلِ. نَرَى ازدِيَادَ ثِقَةِ القُبَّرَةِ فِي نَفسِهَا فِي القِصَّةِ مِن خِلَالِ تَطَوُّرِ حِوَارِهَا مَعَ الفِيلِ فِي بِدَايَةِ القِصَّةِ عَن نِهايَتِهَا، حَيثُ قَالَت لَهُ فِي البِدَايَة "أَيُّهَا الفِيل العَظِيم" وَاعتَرَفَت بِضَعفِهَا قَائِلَة "وَأَنَا ضَعِيفة" وَلَكِن فِي النِّهَايَةِ خَاطَبَتهُ قَائِلَة "أَيُّهَا الظَّالِم المَغرُور... اعتَقَدتَ أَنَّنِي ضَعِيفَة"،

وَكَانَت أَكْثَرُ شِدَّة فِي الْكَلَامِ مَعَ الفِيلِ فِي النِّهَايَة، وَهَذَا لِأَنَّ نَجَاحَهَا فِي إِيقَاعِ الفِيلِ فِي الحُفْرَةِ كَشَفَ لَهَا عَن قُوَّتِهَا رَغمَ صِغَرِ حَجمِهَا.

مِن الأفكَارِ وَالقَضَايَا المُهِمَّةِ الَّتِي تَحتَوِي عَلَيهَا القِصَّةُ أَنَّ القُوَّةَ أَحيانا تَجعَلُ الإِنسَانَ مَغرُوراً وَظَالِماً كَمَا غُرَّ الفِيلُ بِقُوَّتِهِ، وَنَرَى تَكَرَّرَ هَذِهِ الفِكرَةِ مُنذُ قَدِيمِ الزَّمَانِ إِلَى عَصرِنَا الحَالِي، وَمِثَال لِذَلِكَ هوَ قَومُ نَبِيِّ اللهِ عَاد عَلَيهِ السَّلَام، حَيثُ قَالَ اللهُ تَعَالَى عَنهُم: "فَأَمَّا عَاد فاستَكبَرُوا فِي الأَرضِ بِغَيرِ الحَقِّ وَقَالُوا مَن أَشَدُّ مِنَّا قُوَّة" (فُصِّلَت، الآيَة ١٥)، فَكَانَ رَدُّهُم عَلَى القُوَّةِ الَّتِي وَهَبَهَا اللهُ لَهُم الاستِكبَارُ وَالغرُورُ وَظَنُّهُم أَنَّ لَا أَحَد لَه قُدرَة عَلَيهِم وَظَلُّوا عَلَى ذَلِكَ حَتَّى انتَهَى بِهِم الأَمرُ إِلَى الهَلَاكِ. وَهنَاكَ مِثَال آخَر وَهُوَ كَيفِيَّةُ استِغلَالِ الحُكَّامِ الطُّغَاةِ قُوَّتِهِم وَسُلطَتِهِم فِي نَهبِ حُقُوقِ شُعُوبِهِم وَاستِضعَافِهِم ظَنّا مِنهُم عَدَم قُدرَة أَحَد عَلَى المُقَاوَمَةِ. بِالاضَافَة إِلَى ذَلِكَ هُنَاكَ فِكرَة أُخرَى فِي القِصَّةِ وَهِيَ القُوَّةُ فِي الاتِّحَادِ، وَتَكمُنُ هَذِهِ الفِكرَةُ فِي حَقِيقَةِ أَنَّ القَبَّرَةَ ضَعِيفَة لا تَقدِرُ عَلَى الفِيلِ وَحدَهَا وَلَكِنَّهَا نَجَحَت فِي الانتِقَامِ مِن الفِيلِ بِمسَاعَدَةِ الحَيَوَانَاتِ الأُخرَى، وَكَذَلِكَ الشَّعب مَعَ الحَاكِمِ الظَّالِمِ. فَإِذَا وَقَفَ شَخص بِمُفرَدِهِ ضِدَّ الحَاكِمِ الظَّالِمِ، استَطَاعَ الحَاكِمُ قَتلَ رُوحِ المُقَاوَمَةِ بِسُهُولَة بِالاعتِقَالِ وَالسِّجنِ، وَأَمَّا إِذَا اجتَمَعَت المَلَايِينُ فِي ثَورَة أَصبَحَ الشَّعبُ أَقوَى مِن الحَاكِمِ، وَهَذَا الَّذِي حَدَثَ فِي ثَورَاتِ الرَّبِيعِ العَرَبِي. فِي هَذِهِ القِصَّةِ أَيضا تَصبِير لِلمَظلُومِين المُستَضعَفِين، فَالظَّالِمُ سَيَظلِمُ لِفَترَة مَا وَلَكِنَّه سَيُهزَم وَلَن يَنتَصِرَ فِي النِّهَايَة. هُنَاك فِكرَة مُهِمَّة أَيضا فِي القِصَّةِ وَهِي

أَهَمِيَّة الدِّفَاعِ عَنِ الحَقِّ وَنصرةِ المَظلُومِ، فَعِندَمَا استَعَانَت القُبَّرَة بِالطُّيُورِ وَالضَّفَادِع، لَم يَقُولُوا إنَّها لَيسَت مُشكِلَتَهُم وَلَم يَرفُضُوا طَلَبَ الاستِغَاثَةِ وَسَاعَدُوهَا فِي الانتِقَامِ مِن الفِيلِ الظَّالِمِ، وَهَكَذَا يَجِبُ أَن نَكونَ.

٩. بِدَايَةُ كِتَابِ "كَلِيلَة وَدِمنَة"

ذَهَبَ الفَيلَسُوفُ بيدَبا إِلَى دَبشَلِيم مَلِكِ الهِندِ لِنُصحِهِ بِتَركِ الظُّلمِ وَاتِّبَاعِ طَرِيقَةِ حُكمِ آبَائِهِ وَأَجدَادِهِ، وَلَكِنَّ دَبشَلِيم غَضِبَ مِن بيدَبا فِي البِدَايَةِ، وَسَجَنَهُ، وَلَكِنَّهُ رَاجَعَ نَفسَهُ بَعدَ ذَلِكَ وَأَخَذَ بِنَصِيحَتِهِ وَأَصبَحَ عَادِلًا. أَرَادَ المَلِكُ دَبشَلِيم أَن يَكُونَ لَهُ كِتَابٌ يُخَلِّدُهُ بَعدَ مَوتِهِ فَطَلَبَ مِن بيدَبا كِتَابَةَ هَذَا الكِتَابِ. استَغرَقَ الكِتَابُ عَامًا فِي كِتَابَتِهِ وَسُمِّيَ "كَلِيلَة وَدِمنَة". أَعجَبَ دَبشَلِيم بِالكِتَابِ وَطَلَبَ مِنهُ بيدَبا المُحَافَظَةَ عَلَيهِ حَتَّى لَا يَصِلَ خَبَرُهُ لِلفُرسِ، وَلَكِنَّ مَلِكَ الفُرسِ سَمِعَ بِهِ وَأَرسَلَ بُرزُويه الَّذِي كَانَ مَعرُوفًا بِعِلمِهِ إِلَى الهِندِ لِنَسخِ كِتَابِ "كَلِيلَة وَدِمنَة". كَانَ بُرزُويه يَتَقَرَّبُ مِن الفَلَاسِفَةِ وَأَهلِ العِلمِ فِي الهِندِ حَتَّى يُسَاعِدُوهُ فِي الحُصُولِ عَلَى الكِتَابِ إِلَى أَن وَافَقَ خَازِنُ المَلِكِ عَلَى مُسَاعَدَةِ بُرزُويه وَاتَّفَقَا عَلَى أَن يَبقَى الأَمرُ سِرًّا بَينَهُمَا. عِندَمَا انتَهَى بُرزُويه مِن تَرجَمَةِ الكِتَابِ عَادَ مُسرِعًا إِلَى بِلَادِ فَارِسٍ قَبلَ عِلمِ أَحَدٍ وَقَبلَ انتِشَارِ سَرِّهِ.

يُبَيِّنُ هَذَا الجُزءُ مِن بَابِ مُقَدِّمَةِ الكِتَابِ أَهمِّيَةِ نُصحِ الحُكَّامِ وَأَصحَابِ السُّلطَةِ وَمُحَاسَبَتِهِم وَإِن كَانَ أَمرًا صَعبًا، حَيثُ قَرَّرَ بيدَبا نُصحَ المَلِكِ دَبشَلِيم رَغمَ مَعرِفَتِهِ خُطُورَةِ هَذَا عَلَى حَيَاتِهِ، وَكَانَ أُسلُوبُهُ فِي نَصِيحَةِ المَلِكِ حَسَنًا فِيهِ حِكمَةٌ وَلِين، فَقَالَ لِلمَلِكِ إِنَّهُ لَا يُوجَدُ أَيُّ هَدَفٍ مِن كَلَامِهِ إِلَّا لِنُصحِهِ إِلَى مَا هُوَ خَيرٌ لَهُ وَلِلنَّاسِ. وَلَم يَمنَعْ أُسلُوبُهُ الحَسَنُ فِي

النَّصِيحَةِ مِن سِجنِهِ وَلَكِنَّهُ جَعَلَ المَلِكَ يُرَاجِعُ نَفسَهُ وَيُعطِيَهُ فُرصَةً ثَانِيَةً لِلكَلَامِ. وَإِن كَانَتِ النَّصِيحَةُ قَد قِيلَت بِشَكل آخَر، مَا قَبِلَ المَلِكُ نَصِيحَتَهُ. نَرَى أَيضًا قِيمَةَ الاعتِرَافِ بِالخَطَأِ وَتَصحِيحِهِ، فَاعتِرَافُ المَلِكِ بِخَطَئِهِ فِي سِجنِ بَيدَبَا وَظُلمِهِ فِي الحُكمِ كَانَ لَهُ تَأثِيرٌ كَبِيرٌ عَلَى حُكمِهِ وَمَملَكَتِهِ، فَقَد تَحَوَّلَت مَملَكَتُهُ مِن مَملَكَةٍ يَنتَشِرُ فِيهَا الظُّلمُ وَالفَسَادُ إِلَى مَملَكَةٍ يَسُودُ فِيهَا العَدلُ وَالفَرَحُ بَينَ النَّاسِ. يُبَيِّنُ لَنَا أَيضًا هَذَا الجُزءُ أَهمِيَّةَ الأَدَبِ، فَالمَلِكُ دَبشَلِيم لَم يَكتَفِ بِكِتَابَةِ المُؤَرِّخِينَ عَنهُ فِي كُتُبِ التَّارِيخِ لِيَتَذَكَّرَهُ النَّاسُ بَعدَ مَوتِهِ، وَإِنَّمَا أَرَادَ أَن يَكُونَ لَهُ كِتَابٌ "ظَاهِرُهُ أَدَبٌ لِلنَّاسِ وَبَاطِنُهُ سِيَاسَةٌ لِلمُلُوكِ"، فَالأَدَبُ يَستَطِيعُ أَن يَنقُلَ القَضَايَا المُهِمَّةَ إِلَى جُمهُورٍ كَبِيرٍ مِن النَّاسِ بِطُرُقٍ إِبدَاعِيَّةٍ، مِثل كِتَابِ "كَلِيلَة وَدِمنة" الَّذِي فِيهِ حِكَمٌ مُمَثَّلَةٌ فِي قِصَصِ أَبطَالِهَا مِن الحَيَوَانَاتِ وَالطُّيُورِ. كَمَا أَنَّ الأَدَبَ مُهِمٌّ أَيضًا لِلمُلُوكِ، فَانتِشَارُ الكُتُبِ وَالأَعمَالِ الأَدَبِيَّةِ مِن عَلَامَاتِ الحَضَارَةِ وَالتَّقَدُّمِ وَالازدِهَارِ، وَعَرَفَ المَلِكُ دَبشَلِيم وَالمَلِكُ "أَنُو شَروَان" بِهَذَا، وَلِذَلِكَ حَرِصَ دَبشَلِيم عَلَى المُحَافَظَةِ عَلَى كِتَابِ "كَلِيلَة وَدِمنة" وَكُتُب أُخرَى فِي خَزَائِنِهِ، وَلِذَلِكَ أَيضًا اهتَمَّ "أَنُو شَروَان" بِالحُصُولِ عَلَى هَذِهِ الكُتُبِ مِن الهِندِ اهتِمَامًا شَدِيدًا. نَرَى أَيضًا أَنَّ أَهلَ العِلمِ وَالثَّقَافَةِ لَا يَهتَمُّونَ بِالأَشيَاءِ المَادِّيَّةِ وَلَا يُعطُونَ لَهَا قِيمَةً، فَالفَيلَسُوفُ بَيدَبَا قَالَ: "لَا أُرِيدُ مَالًا وَلَا لِبَاسًا" عِندَمَا عَرَضَ عَلَيهِ المَلِكُ دَبشَلِيم المَالَ وَاللِّبَاسَ مُكَافَأَةً لَهُ عَلَى كِتَابَةِ "كَلِيلَة وَدِمنة"، كَمَا كَانَ رَدُّ بُرزُويِهِ صَاحِبِ العِلمِ عَلَى المَلِكِ أَنُو شَروَان "لَستُ بِحَاجَةٍ إِلَى المَالِ وَاللِّبَاسِ" عِندَمَا عَرَضَ عَلَيهِ أَيضًا المَالَ وَاللِّبَاسَ لِيُكَافِئَهُ عَلَى نَسخِ الكِتَابِ.

يَتَحَدَّثُ بَابُ بُرزُويه عَن تَطَوُّرِ أَفْكَارِ بُرزُويه طَبِيبٍ فَارِسِيٍّ مِن خِلَالِ تَجَارُبِهِ مَعَ ذِكرِ بَعْضِ القِصَصِ الَّتِي تَتَشَابَهُ مَعَ تَجَارُبِهِ وَالَّتِي كَانَ لَهَا تَأْثِيرٌ عَلَى فِكرِهِ. مِن هَذِهِ القِصَصِ قِصَّةُ "اللِّصِ المُتَرَدِّد": كَانَ هُنَاكَ خَادِمٌ يَعْمَلُ فِي بَيتِ رَجُلٍ غَنِيٍّ، وَكَانَ يَأْتِي صَاحِبُهُ لِيَسرِقَ مَعَهُ أَشْيَاءَ مِن بَيتِ الرَّجُلِ عِندَ خُرُوجِهِ وَيَبِيعُهَا صَاحِبُهُ. دَقَّ صَاحِبُ البَيتِ البَابَ ذَاتَ يَومٍ وَصَاحِبُهُ مَا زَالَ مَوجُودًا، فَدَلَّ الخَادِمُ صَاحِبَهُ عَلَى البَابِ الَّذِي عِندَ البِئرِ لِيَهرُبَ مِنهُ، وَلَكِنَّ صَاحِبَهُ أَخَذَ يَسْأَلُ عَن البِئرِ الَّذِي لَم يَجِدهُ عِندَ البَابِ بَدَلًا مِن أَن يَهرَبَ حَتَّى قَبَضَ عَلَيهِ صَاحِبُ البَيتِ. مِن الدُّرُوسِ المُسْتَفَادَةِ مِن هَذِهِ القِصَّةِ عَدَمُ كَثرَةِ السُّؤَالِ عَن مَا لَا يُفِيدُ وَمَا لَا يَنفَعُ، وَعَدَمُ التَّرَدُّدِ. شَبَّهَ بُرزُويه كَثرَةَ سُؤَالِهِ عَن الدِّينِ وَتَرَدُّدَهُ بِكَثرَةِ سُؤَالِ اللِّصِ فِي هَذِهِ القِصَّةِ، وَلَكِن أَرَى أَنَّ سُؤَالَهُ عَن الدِّينِ هُوَ شَيءٌ مُخْتَلِفٌ. فَالسُّؤَالُ يُمكِنُ أَن يَكُونَ بِلَا فَائِدَةٍ أَو مِن أَجْلِ الجِدَالِ، وَيُمكِنُ أَن يَكُونَ مِن أَجْلِ الِاسْتِفسَارِ وَطَلَبِ العِلمِ، وَكَانَ سُؤَالُ بُرزُويه عَن الدِّينِ بِهَدَفِ الِاستِفسَارِ فَكَانَ يَبحَثُ فِي الدِّينِ لِيَتَّبِعَ الدِّينَ عَن مَعرِفَةٍ، وَأَرَى أَنَّ هَذَا شَيءٌ جَيِّدٌ عَلَى عَكسِ اللِّصِ. وَالسُّؤَالُ مِن أَجْلِ الِاستِفسَارِ لَا يُؤَدِّي إِلَى التَّرَدُّدِ بَل يَدفَعُ التَّرَدُّدَ وَيُؤَدِّي إِلَى التَّيَقُّنِ وَالثَّبَاتِ، فَكَانَ سَبَبُ تَرَدُّدِ بُرزُويه أَنَّهُ لَم يَجِد جَوَابًا عَلَى أَسئِلَتِهِ، لَكِنَّ السُّؤَالَ عَن الدِّينِ يُمكِنُ أَن يَكُونَ مِثلَ سُؤَالِ اللِّصِ عَن البِئرِ إِذَا كَانَ الهَدَفُ مِن السُّؤَالِ الجِدَالَ فَقَط.

وَمِن الدُّرُوسِ المُسْتَفَادَةِ أَيْضًا التَّفْكِيرُ فِي الدِّينِ وَالبَحثُ فِيهِ، وَعَدَمُ اتِّبَاعِ دِينِ الآبَاءِ وَالأَجْدَادِ دُونَ أَيِّ عِلمٍ بِالدِّينِ.

أَوْضَحَ تَفْكِيرُ بُرزُويه لَهُ حَقَائِقَ عَن الدُّنْيَا وَطَبِيعَةِ الإِنْسَانِ وَهِيَ أَنَّ الدُّنْيَا قَصِيرَةٌ وَأَنَّ الإِنْسَانَ رَغمَ عَقْلِه لَا يَتَوَقَّفُ عَن عَمَلِ الشَّرِ وَيُفَضِّلُ مَتَاعَ الدُّنْيَا القَلِيلَ. وَلِذَلِكَ قَرَّرَ اجْتِنَابَ الأَعْمَالِ الخَبِيثَةِ وَالكَلَامِ البَاطِلِ وَعَدَمَ الانْشِغَالِ بِالدُّنْيَا. وَذَكَرَ قِصَّةَ "التَّاجِرِ وَالصَّائِغِ" الَّتِي فِيهَا التَّاجِرُ بِلُعبِ الصَّائِغِ بِالصَّنْجِ، وَدَفَعَ لِلصَّائِغِ أُجرَتَهُ دُونَ أَن يَثْقِبَ لَهُ الجَوهَرَ وَخَسِرَ مَالَهُ. تُبَيِّنُ هَذِهِ القِصَّةُ نَتِيجَةَ الانْشِغَالِ عَن الأَشْيَاءِ المُهِمَّةِ، حَيثُ كَانَ مِن الأَوْلَى الانْتِهَاءُ مِن ثُقْبِ الجَوهَرِ أَوَّلًا ثُمَّ اللَّعِبُ بِالصَّنْجِ بَعدَ ذَلِكَ. ثُمَّ ذَكَرَ بَعدَ ذَلِكَ صُورَةً تُبَيِّنُ بَعضَ حَقَائِقِ الدُّنْيَا؛ ذَكَرَ صُورَةَ إِنْسَانٍ سَقَطَ فِي بِئرٍ وَتَعَلَّقَ بِغُصنَينِ مِن فَوقِ البِئرِ كَانَ يَأْكُلُهُمَا جُرَذَان، وَكَانَ أَسفَلَ البِئرِ تِنِّينٌ فَاتِحٌ فَمِهِ، وَحَولَهُ حَيَّاتٌ، وَكَانَ مُنشَغِلًا بِأَكلِ العَسَلِ مِن خَلِيَّةِ نَحلٍ بِالقُربِ مِنهُ. أَتَّفِقُ مَعَ تَشْبِيهِ الدُّنْيَا بِالبِئرِ وَالغُصنَينِ بِالعُمْرِ وَالجُرَذَينِ بِاللَّيلِ وَالنَّهَارِ، وَلَكِن فِي رَأْيِي أَكلُ العَسَلِ لَا يُمَثِّلُ الانْشِغَالَ عَن مَا هُوَ أَهَمُّ لِأَنَّهُ لَم يُذكَر فِي الصُّورَةِ شَيءٌ آخَرُ أَهَمُّ يُمكِنُ أَن يَنشَغِلَ الرَّجُلُ عَنهُ. فِي رَأْيِي أَكلُ العَسَلِ يُمَثِّلُ الإِيجَابِيَّةَ وَسَطَ مَوَاقِفَ لَا يُمكِنُ تَغيِيرُهَا أَو وَسَطَ مَشَاكِلِ الحَيَاةِ المُسْتَمِرَّةِ بَدَلًا مِن القَلَقِ وَالهَمِّ وَالخَوفِ الدَّائِمِ الَّذِي لَن يُغَيِّرُ طَبِيعَةَ الدُّنْيَا.

۱۱. الأَفْكَارُ المُتَكَرِّرَةُ فِي بَعْضِ القِصَصِ

۲۰۲۱/۳/۱۸م

فِي بِدَايَةِ الكِتَابِ ذُكِرَت قِصَّةُ "القُبَّرَةِ وَالفِيلِ" الَّتِي طَغَى فِيهَا الفِيلُ عَلَى القُبَّرَةِ وَلَكِنَّ القُبَّرَةَ تَمَكَّنَت مِن هَزِيمَتِهِ فِي النِّهَايَةِ رَغمَ ضَعفِهَا. فِي قِصَّةِ "الغُرَابِ وَالحَيَّةِ"، كَانَت الحَيَّةُ تَأكُلُ فِرَاخَ الغُرَابِ وَلَكِنَّهَا قُتِلَت فِي النِّهَايَةِ بِذَكَاءِ الغُرَابِ وَصَاحِبِهِ ابنِ آوَى. فِي قِصَّةِ "الأَسَدِ وَالأَرنَبِ"، كَانَ الأَسَدُ يَأكُلُ الحَيَوَانَاتِ وَيَجعَلُهَا تَعِيشُ فِي خَوفٍ دَائِمٍ وَلَكِنَّهُ قُتِلَ فِي النِّهَايَةِ بِذَكَاءِ الأَرنَبِ. فِي كُلِّ هَذِهِ القِصَصِ يَتَكَرَّرُ مَوضُوعُ القُوَّةِ وَعَلَاقَتُهَا بِالظُّلمِ وَتَتَكَرَّرُ فِكرَةُ أَنَّ الذَّكَاءَ يَهزِمُ القُوَّةَ، وَهَذَا التَّكرَارُ يُؤَكِّدُ أَهَمِيَّةَ هَذِهِ الفِكرَةِ خَاصَّةً لِلمُلُوكِ، فَالمُلُوكُ أُولُو قُوَّةٍ وَسُلطَةٍ وَكَثِيرٌ مِنهُم عُرضَةٌ لِأَن يَستَضعِفُوا شُعُوبَهُم، وَهَذَا الكِتَابُ بَاطِنُهُ حِكمَةٌ وَسِيَاسَةٌ لِلمُلُوكِ كَمَا ذُكِرَ فِي بَابِ غَرَضِ الكِتَابِ، فَهَذِهِ القِصَصُ تُخَاطِبُ هَؤُلَاءِ المُلُوكَ وَكَأَنَّهَا تَحذِيرٌ لَهُم بِمَا سَيُلَاقُونَهُ نَتِيجَةَ ظُلمِهِم إِذَا استَمَرُّوا عَلَى ذَلِكَ.

يُخَاطِبُ الكِتَابُ المُلُوكَ أَيضًا فِي قِصَّةِ "الخَدَّاعِ وَالمُغَفَّلِ" الَّتِي عَثَرَ فِيهَا تَاجِرَان عَلَى أَلفِ دِينَارٍ وَبَينَمَا أَرَادَ تَاجِرٌ مِنهُمَا اقتِسَامَ المَالِ بِالنِّصفِ أَرَادَ الآخَرُ أَخذَ المَالِ كُلَّهُ وَأَقنَعَ الخَدَّاعُ المُغَفَّلَ بِأَن يَدفِنَ المَالَ تَحتَ شَجَرَةٍ فِي مَكَانٍ أَمِينٍ ثُمَّ أَخَذَ المَالَ لِنَفسِهِ وَكَذَبَ وَاتَّهَمَ المُغَفَّلَ بِأَخذِ المَالِ، وَلَكِن فِي النِّهَايَةِ كُشِفَت حِيلَتُهُ. هَذِهِ القِصَّةُ تُسَلِّطُ الضَّوءَ عَلَى

بَعْضِ الصِّفَاتِ الخَبِيثَةِ مِثلِ الطَّمَعِ وَالأَنَانِيَّةِ وَالكَذِبِ وَالخِدَاعِ مِن أَجلِ نَهبِ الأَموَالِ، وَاتِّهَامِ البَرِيءِ ظُلمًا. وَهَذِهِ الصِّفَاتُ يُمكِنُهَا أَن تَخُصَّ المُلُوكَ أَيضًا فَمَكَانَةُ المُلُوكِ وَسُلطَتُهُم تَجعَلُهُم عُرضَةً لِنَهبِ أَموَالِ شُعُوبِهِم، وَرِسَالَةُ هَذِهِ القِصَّةِ وَغَيرِهَا مِن القِصَصِ فِي الكِتَابِ تَشبَهُ قَولَ الشَّاعِرِ أَبِي القَاسِمِ الشَّابِّي "وَمَن يَبذُرِ الشَّوكَ يَجنِي الجِرَاحَ" فِي قَصِيدَتِهِ "إِلَى طُغَاةِ العَالَمِ".

عَلَى مَرِّ الكِتَابِ يُوَاجِهُ دِمنَة صِرَاعًا دَاخِلِيًّا مُستَمِرًّا، فَهُوَ يَحسِدُ شَنزَبَة عَلَى عَلَاقَتِهِ مَعَ الأَسَدِ وَمَكَانَتِهِ العَالِيَةِ عِندَ الأَسَدِ، وَهَذَا جَعَلَهُ يُفَكِّرُ فِي قَتلِ شَنزَبَة وَلَكِنَّهُ يَعرِفُ فِي نَفسِ الوَقتِ أَنَّ قَتلَ شَنزَبَة لَيسَ أَمرًا سَهلًا وَيَخَافُ أَن يَضُرَّ نَفسَهُ، وَلِذَلِكَ فَكَّرَ دِمنَة فِي إِيقَاعِ العَدَاوَةِ بَينَ الأَسَدِ وَشَنزَبَة بِالكَذِبِ حَتَّى يَقتَتِلَا وَبِذَلِكَ يَتَخَلَّصُ مِن شَنزَبَة، وَهَذَا هُوَ الَّذِي حَدَثَ بِالفِعلِ. مِن أَهَمِّ الأَفكَارِ فِي هَذِهِ القِصَّةِ عَدَمُ تَصدِيقِ كُلَّ مَا يُقَالُ، وَهَذِهِ الفِكرَةُ ذُكِرَت سَابِقًا فِي قِصَّةِ "اللِّصِّ وَشُعَاعِ النُّورِ"، فَتَصدِيقُ الأَسَدِ وَالثَّورِ كَذِبِ دِمنَةَ الَّذِي لَا يُصَدَّقُ دُونَ أَيِّ دَلِيلٍ هُوَ الَّذِي أَدَّى إِلَى قَتلِ شَنزَبَة ظُلمًا. فِكرَةٌ مُهِمَّةٌ أُخرَى هِيَ أَهَمِيَّةُ الحِوَارِ، فَعِندَمَا دَخَلَ الثَّورُ عَلَى الأَسَدِ وَرَآهُ غَاضِبًا وَرَأَى الأَسَدُ الثَّورَ يَرتَجِفُ "ظَنَّ أَنَّ كُلَّ مَا قَالَهُ دِمنَة صَحِيحٌ" دُونَ أَن يَتَحَدَّثَ مَعَ الثَّورِ أَو يَسأَلَهُ عَن صِحَّةِ مَا سَمِعَهُ، وَهَذَا لَيسَ صَحِيحًا فَمِن الأَفضَلِ حَلُّ المَشَاكِلِ بِالمُنَاقَشَةِ وَأَلَّا يُسَيطِرَ الغَضَبُ وَالعُنفُ عَلَى المُشكِلَةِ. مِن الأَفكَارِ الأُخرَى خُطُورَةُ الحِقدِ وَالحَسَدِ وَالغِيرَةِ وَأَنَّ النَّدَمَ لَا يَنفَعُ، فَهَذِهِ المَشَاعِرُ تَسَبَّبَت فِي قَتلِ

شَنزَبة فِي هَذِهِ القِصَّةِ كَمَا تَسَبَّبَت أَيضًا فِي أَوَّلِ جَرِيمَةِ قَتلٍ عَلَى الأَرضِ وَهِيَ قَتلُ قَابِيلِ هَابِيل.

فِي هَذِهِ القِصَّةِ تَطَوَّرَت شَخصِيَّةُ كَلِيلَة وَانحَدَرَت شَخصِيَّةُ دِمنَة حَيثُ كَانَ كَلِيلَة فِي البِدَايَةِ يَنصَحُ دِمنَة بِعَدَمِ نُصحِ الأَسَدِ وَعَدَمِ التَّدَخُّلِ فِيمَا لَا يَعنِيهِ وَلَكِنَّهُ فِي النِّهَايَةِ أَصبَحَ يَتَدَخَّلُ فِي شَأنِ الأَسَدِ وَالثَّورِ وَيَنصَحُ دِمنَة بِعَدَمِ الكَذِبِ وَالغَدرِ وَالخِيَانَةِ، بَينَمَا كَانَ دِمنَة يَرَى نَفسَهُ مِن أَهلِ الفَضلِ فِي البِدَايَةِ وَكَانَ ذَا عَقلٍ وَحِكمَةٍ وَعِلمٍ يُرِيدُ أَن يَنصَحَ الأَسَدَ وَلَكِنَّهُ صَارَ خَبِيثًا خَائِنًا كَذَّابًا. كَلِيلَة لَم يُشَجِّع أَخَاهُ دِمنَة عَلَى كَذِبِهِ وَإِنَّمَا كَانَ يُوبِخُهُ قَائِلًا "أَنتَ لَا تَسمَعُ نَصِيحَتِي وَلَا تُغَيِّرُ طَبعَكَ" وَمِن الدُّرُوسِ المُستَفَادَةِ مِن هَذَا المَوقِفِ قَولُ الحَقِّ وَلَو كَانَ ضِدَّ شَخصٍ قَرِيبٍ وَعَدَمُ الدِّفَاعِ عَن الخَطَأِ لِمُجَرَّدِ صِلَةِ قَرَابَة.

١٢. وَجهُ الشَّبَهِ بَينَ "البُومِ وَالغُربانِ" وَالوَاقِعِ

٢٠٢١/٤/٩م

في بَابِ البُومِ وَالغُربانِ يَقُصُّ الفَيلَسُوفُ بيدَبَا عَلَى المَلِكِ دَبشَلِيم قِصَّةَ عَدَاوَةٍ بَينَ الغُربانِ وَالبُومِ حَيثُ اعتَدَت البُومُ عَلَى الغُربانِ وَقَتَلَت الكَثِيرَ مِنهَا مِمَّا جَعَلَ الغُربانَ تُخَطِّطُ لِلانتِقَامِ مِن البُومِ، وَكَانَت نِهَايَةُ هَذِهِ العَدَاوَةِ مَوتَ جَمِيعِ البُومِ حَرقًا. مِن الأفكَارِ الَّتي يَحتَوِي عَلَيهَا هَذا البَابُ فِكرَةُ الشُّورَى؛ بَعدَ هُجُومِ البُومِ عَلَى الغُربانِ لَم يَتَّخِذ مَلِكُ الغُربانِ قَرَارَ قِتَالِ البُومِ، وَإنَّمَا استَشَارَ خَمسَةَ غُربَانٍ مَعرُوفَةٍ بِالعِلمِ وَالحِكمَةِ فِيمَا يَجِبُ فِعلُهُ، وَكَانَ هُنَاكَ آرَاءٌ مُختَلِفَةٌ بَينَ الغُربانِ فَمِنهَا مَن أشَارَ بِالهُرُوبِ وَمِنهَا مَن أشَارَ بِالتَّجَسُّسِ وَالحِيلَةِ، وَلَكِنَّهَا اتَّفَقَت عَلَى عَدَمِ القِتَالِ، وَهَذِهِ قِيمَةُ الشُّورَى، فَالقَرَارَاتُ في الحَيَاةِ كَثِيرَةٌ وَالقَرَارُ الصَّحِيحُ لَيسَ دَائِمًا وَاضِحًا، وَالشَّخصُ بِمُفرَدِهِ رُبَّمَا لَا يُفَكِّرُ في كُلِّ الخِيَارَاتِ بِآثَارِهَا الإِيجَابِيَّةِ وَالسَّلبِيَّةِ، وَلَكِنَّ سَمَاعَ الآرَاءِ المُختَلِفَةِ يُسَاعِدُ عَلَى اتِّخَاذِ أفضَلِ القَرَارَاتِ وَأنسَبِهَا. وَكَانَ مَلِكُ البُومِ أَيضًا يَستَشِيرُ وُزَرَاءَهُ فِيمَا يَجِبُ فِعلُهُ بِوَزِيرِ مَلِكِ الغُربانِ الغُرَابِ الَّذِي تَظَاهَرَ بِأنَّهُ جَرِيحٌ، وَكَانَ لِكُلٍّ مِن وُزَرَائِهِ رَأيٌ مُختَلِفٌ فَمِنهُم مَن أشَارَ بِقَتلِ الغُرَابِ وَمِنهُم مَن أشَارَ بِالعَفوِ عَنهُ وَمِنهُم مَن أشَارَ بِمُعَامَلَتِهِ بِلُطفٍ وَالاستِفَادَةِ مِنهُ، وَفِي هَذِهِ الحَالَةِ القَرَارُ أصعَبُ لِأنَّ الغُرَابَ الَّذِي هُوَ عَدُوُّ البُومِ يَدَّعِي اتِّحَادَهُ مَعَ البُومِ.

عِندَمَا نَنظُرُ إِلَى أصلِ العَدَاوَةِ بَينَ البُومِ وَالغُربَانِ نَرى أنَّ الَّذِي تَسَبَّبَ فِي هَذِهِ العَدَاوَةِ غُرَابًا وَاحِدًا، وَأصلُ العَدَاوَةِ كَانَ سِرًّا لَا يَعلَمُهُ إلَّا وَزِيرٌ مِن وُزَرَاءِ مَلِكِ الغُربَانِ. يُمكِنُ أن نَتَعَلَّمَ مِن هَذا، أوَّلًا، ألَّا يَجِبَ اتِّخَاذَ أعدَاءٍ بِلَا سَبَبٍ، فَجَمِيعُ البُومِ اتَّخَذَت جَمِيعَ الغُربَانِ أعدَاءً، وَالعَكسُ، وَأكثَرُ البُومِ وَالغُربَانِ لَا تَعرِفُ سَبَبَ العَدَاوَةِ، وَهَذا لَيسَ صَحِيحًا. ثَانِيًا، لَا يَجِبُ أن يَدفَعَ الجَمِيعُ ثَمَنَ أفعَالِ شَخصٍ وَاحِدٍ أو بَعضِ الأشخَاصِ، فَالكَثِيرُ مِن الغُربَانِ وَالبُومِ مَاتَت بِسَبَبِ هَذِهِ العَدَاوَةِ الَّتِي تَسَبَّبَ فِيهَا غُرَابٌ وَاحِدٌ، وَهَذِهِ مُشكِلَةٌ كَبِيرَةٌ فِي مُجتَمَعِنَا. مِثَالٌ لِذَلِكَ هَجَمَاتُ ١١ سَبتَمبَر الَّتِي قَامَ بِهَا بَعضُ الإرهَابِيِّينَ المُسلِمِينَ وَالَّتِي أدَّت إِلَى إعلَانِ الوِلَايَاتِ المُتَّحِدَةِ "الحَربَ عَلَى الإرهَابِ" الَّذِي كَانَت مِن ضِمنِهِ حُرُوبُ أفغَانِستَان وَالعِرَاق الَّتِي استَمَرَّت أكثَرَ مِن عَشرِ سَنَوَاتٍ وَقَتَلَت آلَافَ المُوَاطِنِينَ الَّذِينَ لَيسَت لَهُم عَلَاقَةٌ بِالإرهَابِ، وَمَا زَالَ تَأثِيرُهَا مُستَمِرًّا. بَعدَ هَجَمَاتِ ١١ سَبتَمبَر أيضًا زَادَت مُرَاقَبَةُ الحُكُومَةِ الأمرِيكِيَّةِ لِلمُوَاطِنِينَ المُسلِمِينَ وَاعتَقَلَت المُسلِمِينَ المُتَّهَمِينَ بِالإرهَابِ. بِالإضَافَة إِلَى ذَلِكَ، زَادَت الِاعتِدَاءَاتُ عَلَى المُسلِمِينَ فِي أمرِيكَا وَالكَرَاهِيَةُ وَالتَمِييزُ ضِدَّهُم، وَإِلَى اليَومِ مَا زَالَ المُسلِمُونَ يَدفَعُونَ الثَّمَنَ، فَقِصَّةُ البُومُ وَالغُربَانُ الَّتِي بَدَأت بِقَولِ غُرَابٍ وَاحِدٍ وَانتَهَت بِقَتلِ جَمِيعِ البُومِ قَد تَبدُو مُبَالَغَةً وَلَكِنَّهَا فِي الحَقِيقَةِ تُمَثِّلُ الوَاقِعَ.

١٣. القِردُ والغَيلَمُ، وَالجُرَذُ والسِّنَّورُ، وَالمَلِكُ والطَّائِرُ فَنزَة

فِي بَابِ القِردِ والغَيلَمِ وَبَابِ الجُرَذِ والسِّنَّورِ وَبَابِ المَلِكِ والطَّائِرِ فَنزَة تَتَّصِفُ بَعضُ الشَّخصِيَّاتِ بالذَّكاءِ وَالحَذَرِ فِي التَّعامُلِ مَعَ شخصِيَّاتٍ أُخرَى تُحاوِلُ خِداعَها، فَفِي بَابِ القِردِ والغَيلَمِ عَندَمَا عَلِمَ القِردُ أَنَّ الغَيلَمَ يَحتَالُ عَلَى قَتلِهِ مِن أَجلِ الحُصُولِ عَلَى قَلبِهِ قَالَ لِلغَيلَمِ إِنَّهُ تَرَكَ قَلبَهُ فِي الشَّجَرَةِ وَطَلَبَ مِنَ الغَيلَمِ أَن يَرجِعَ لِيُحضِرَ لَهُ قَلبَهُ مِنَ الشَّجَرَةِ. فِي بَابِ الجُرَذِ والسِّنَّورِ، كَانَ السِّنَّورُ ذَكِيًّا وَحَذِرًا فِي تَعاوُنِهِ مَعَ السِّنَّورِ، فَهُوَ اتَّفَقَ مَعَ السِّنَّورِ الَّذِي وَقَعَ فِي شَبَكَةِ الصَّيَّادِ عَلَى مُسَاعَدَتِهِ مُقَابِلَ تَأمِينِهِ، وَلَكِن هَذَا الاتِّفَاقُ وَحدَهُ لَم يَكُن كَافِيًا لِيُطمِئِنَهُ عَلَى أَنَّهُ أَمِنٌ، وَإِنَّمَا كَانَ يَقطَعُ الحِبَالَ بِبُطءٍ حَتَّى لَا يَنتَهِي مِن قَطعِهَا إِلَّا عِندَ عَودَةِ الصَّيَّادِ حَتَّى يَكُونَ السِّنَّورُ مُنشَغِلًا عَنهُ، وَعِندَمَا نَادَاهُ السِّنَّورُ وَطَلَبَ مِنهُ أَن يَكُونَا أَصدِقَاءً، لَم يَنسَ الجُرَذُ العَدَاوَةَ الَّتِى بَينَهُمَا وَرَفَضَ الصَّدَاقَة. فِي بَابِ المَلِكِ والطَّائِرِ فَنزَة، عِندَمَا فَقَأَ فَنزَة عَينَ ابنِ المَلِكِ لِيَثأَرَ مِنهُ عَلَى قَتلِ ابنِهِ وَطَارَ إِلَى سَطحِ البَيتِ، رَفَضَ دَعوَةَ المَلِكِ لَهُ لِلعَودَةِ إِلَى البَيتِ لِيَعِيشَ فِي أَمَانٍ لِأَنَّهُ عَرَفَ أَنَّهُ لَا يُمكِنُ العَيشُ مَعَ المَلِكِ فِي أَمَانٍ بَعدَ الَّذِي حَدَثَ. فِي هَذِهِ القِصَصِ أَظهَرَ كُلًّا مِن القِردِ والجُرَذِ والطَّائِرِ ذَكَاءً وَحَذَرًا بِطُرُقٍ مُختَلِفَةٍ فِي مَوَاقِفَ مُختَلِفَةٍ.

وَفِي هَذِهِ القِصَصِ الثَّلَاثِ أَيضًا تَبَدَّلَت العَلَاقَاتُ بَينَ الصَّدَاقَةِ والعَدَاوَةِ: فِي بَابِ القِردِ والغَيلَمِ انتَهَت صَدَاقَةُ القِردِ والغَيلَمِ بِغَدرِ الغَيلَمِ، وَفِي بَابِ

الجُرَذِ وَالسِّنَّورِ انتَهت الصَّدَاقَةُ بَينَ الجُرَذِ والسِّنَّورِ بِانتِهَاءِ المَصلَحَةِ الَّتِي تَعَاوَنَا فِيهَا، وَفِي بَابِ المَلِكِ وَالطَّائِرِ فَنزَة، انتَهَت صَدَاقَةُ المَلِكِ وَالطَّائِرِ فَنزَة بَعدَ قَتلِ ابنِ المَلِكِ ابن فَنزَة. وَهَذا يَحدُثُ كَثِيرًا فِي الحَيَاةِ، فَهُنَاكَ صَدَاقَاتٌ كَثِيرَةٌ لَا تَستَمِرُّ بِسَبَبِ خِلَافَاتٍ أو خِيَانَاتٍ أو سُوءِ نَوَايَا وَنِفَاقٍ. هَذِهِ القِصَصُ أَيضًا تُبَيِّنُ أَنَّنَا لَا نَعرَفُ مَا بِدَاخِلِ النَّاسِ وَنَتَعَامَلُ مَعَ النَّاسِ بِمَا يُظهِرُونَ لَنَا فَقَط. فِي قِصَّةِ الجُرَذِ والسِّنَّورِ لَا نَعرَفُ إِذَا كَانَت رَغبَةُ القِطِّ فِي مُصَادَقَةِ الجُرَذِ صَادِقَةً أَم كَاذِبَةً، فَرُبَّمَا أَرَادَ القِطُّ الصَّدَاقَةَ بِالفِعلِ وَلَيسَ الخِدَاعَ كَمَا ظَنَّ الجُرَذُ، وَفِي قِصَّةِ المَلِكِ وَالطَّائِرِ فَنزَة، رُبَّمَا أَرَادَ المَلِكُ الصُّلحَ، حَتَّى وَإِن ظَنَنَّا أَنَّهُ لَيسَ صَادِقًا فِي قَولِهِ وَيُرِيدُ أَن يَثأَرَ مِن فَنزَة، فَهِيَ مُجَرَّدُ ظُنُون وَلَا يُمكِنُنَا التَّأَكُّدُ مِن ذَلِكَ مِن خِلَالِ مَا قَالَهُ المَلِكُ فِي القِصَّةِ فَقَط. فَلِهَذَا أَرَى أَنَّ مِن الصَّعبِ تَقيِيمَ صِدقِ الصَّدَاقَاتِ لِأَنَّ هَذَا التَّقيِيمَ يَكُونُ قَائِمًا عَلَى الظَّاهِرِ لَنَا مِن أَقوالٍ وَأَفعَالٍ، وَظُنُون قَائِمة عَلَى هَذِهِ الأَقوَالِ وَالأَفعَالِ الظَّاهِرَةِ، وَالظَّاهِرُ قَد لَا يَكُونُ صَادِقًا، وَالظُّنُونُ قَد تَكُونُ خَاطِئَةً. وَلَكِنَّنِي أَيضًا أُومِنُ بِأَن لَا يَجِبَ سُوءُ الظَّنِ بِالنَّاسِ، وَأَرَى أَنَّ مِن الصَّعبِ التَّوفِيقَ بَينَ كُلِّ هَذِهِ الأَفكَارِ مِن عَدَمِ سُوءِ الظَّنِ، وَالحَذَرِ فِي التَّعَامُلِ خَاصَّةً عِندَمَا قَد يُسَبِّبُ ضَرَرًا، وَالنِّفَاقِ وَالخِدَاعِ فِي الصَّدَاقَةِ.

١٤. مَقَالَةٌ حَولَ قِصَّةِ "ابنِ آوَى والأَسَدِ والحِمَارِ"

٢٠٢٢/٢/١٦م

فِي نِهَايَةِ القِصَّةِ بَعدَ أَن أَكَلَ ابنُ آوَى قَلبَ وَأُذُنَي الحِمَارِ عِندَمَا كَانَ الأَسَدُ يَغتَسِلُ، قَالَ لِلأَسَدِ "لَو كَانَ لَهُ قَلبٌ وَأُذُنَان لَمَا رَجَعَ لَكَ بَعدَ أَن نَجَا مِن المَوتِ فِي المَرَّةِ الأُولَى"، وَكَانَ الهَدَفُ مِن هَذِهِ القِصَّةِ هُوَ الاِتِّعَاظُ وَالتَّعَلُّمُ مِن التَّجَارِبِ وَعَدَمُ تَكرَارِ الأَخطَاءِ، وَلَكِن نَسَبَ ابنُ آوَى رُجُوعَ الحِمَارِ بَعدَ نَجَاتِهِ إِلَى أَنَّهُ لَيسَ لَهُ قَلبٌ وَأُذُنَان، وَلَكِن نَجِدُ أَنَّ مِثلَ هَذِهِ المَوَاقِفِ تَحدُثُ كَثِيرًا فِي الحَيَاةِ وَيَكُون القَلبُ هُوَ السَّبَبُ، فَمَثَلًا، هُنَاكَ نِسَاءٌ كُثُرٌ يُعَانِينَ مِن الاِعتِدَاءَاتِ وَالعُنفِ فِي العَلَاقَاتِ وَلَكِن عَلَى الرَغمِ مِن ذَلِكَ، لَا يَترُكنَ هَذِهِ العَلَاقَاتِ وَقد تَمُرُّ سَنَوَاتٌ عَدِيدَةُ وَهُنَّ عَلَى هَذِهِ الحَالِ، وَإِذَا سُئِلنَ عَن السَّبَبِ يَقُلنَ إِنَّ الأَوقَاتِ السَّعِيدَةَ كَانَت سَعِيدَةً جِدًّا أَو إِنَّهُ مَا زَالَ هُنَاكَ مَشَاعِرُ حُبٍّ تَجعَلُ الفِرَاقَ صَعبًا، وَهَذَا هُوَ الَّذِي حَدَثَ مَعَ الحِمَارِ عِندَمَا قَالَ ابنُ آوَى لَهُ إِنَّهُ لَو بَقِيَ فِي مَكَانِهِ لَهَدَأَت الحَمِيرُ وَعَاشَت مَعَهُ حَيَاةً سَعِيدَةً. قَرَّرَ الحِمَارُ أَن يَتَحَمَّلَ الهُجُومَ رَغبَةً فِي حَيَاةٍ سَعِيدَةٍ بَعدَ ذَلِكَ.

وَلَكِن لِمَاذَا قَالَ ابنُ آوَى إِنَّ الحِمَارَ لَيسَ لَهُ قَلبٌ أَو أُذُنَان وَلَم يَقُل إِنَّ لَيسَ لَهُ عَقلٌ لِأَنَّهُ إِذَا كَانَ يَستَخدِمُ عَقلَهُ وَيُفَكِّرُ بِطَرِيقَةٍ مَنطِقِيَّةٍ لَاتَّعَظَ وَلَمَا رَجَعَ؟ فِي القُرآنِ بَعضُ الآيَاتِ الَّتِي تَذكُرُ أَيضًا القَلبَ وَالأُذُنَين فِي الحَدِيثِ عَن المُشرِكِينَ الَّذِينَ لَا يَتَّعِظُونَ مِثلِ قَولِهِ تَعَالَى "أَفَلَم يَسِيرُوا

فِي الأَرضِ فَتَكُونَ لَهُم قُلُوبٌ يَعقِلُونَ بِهَا أَو آذانٌ يَسمَعُونَ بِهَا فَإِنَّهَا لَا تَعمَى الأَبصَارُ وَلَكِن تَعمَى القُلُوبُ الَّتِي فِي الصُّدُورِ" فِي سُورَةِ الحَجِّ وَقَولِهِ تَعَالَى "وَمِنهُم مَن يَستَمِعُ إِلَيكَ وَجَعلنَا عَلَى قُلُوبِهِم أَكِنَّةً أَن يَفقَهُوهُ وَفِي آذانِهِم وَقرًا" فِي سُورَةِ الأَنعَامِ. لَم يُذكَر العَقلُ هُنَا لِأَنَّ المُشكِلَةَ لَيسَت فِي عُقُولِهِم وَالإِنسَانُ يُحَاسَبُ لِأَنَّ لَدَيهِ عَقلًا يُمَيِّزُ بِهِ الصَّحِيحَ مِن الخَطَأ، وَالخَيرَ مِن الشَّرِّ، وَالحَقَ مِن البَاطِلِ، وَالإِنسَانُ لَا يُحَاسَبُ إِذَا فَقَدَ عَقلَهُ. فَإِذَا كَانَ الإِنسَانُ لَا يَتَّعِظُ وَلَا يَكُونُ مَنطِقِيًّا فَهَذَا بِسَبَبِ القَلبِ.

فِلَسطِين

٢٠٢٠/١٠/١٤م

قِصَّةُ "وَرَقَةٍ مِن غَزَّة" لِلكَاتِبِ الفِلَسطِينِيّ غَسّان كَنَفَانِي هِيَ عِبَارَةٌ عَن رِسَالَةٍ مِن صَدِيقٍ فِي غَزَّة إِلَى صَدِيقِهِ مُصطَفَى المُقِيمِ فِي أمرِيكَا فِيهَا يُخبِرُهُ إِنَّهُ غَيَّرَ رَأْيَهُ وَلَن يَتبَعَهُ لِلعَيشِ فِي أمرِيكَا وَيَقُصُّ عَلَيهِ السَّبَبَ فِي هَذَا القَرَارِ.

السَّارِدُ، وَالَّذِي يُمَثِّلُ الشَّخصِيَّةَ المِحوَرِيَّةَ، استَخدَمَ الاِستِرجَاعَ الزَّمَنِيَّ بَعدَ أَن أَخبَرَ مُصطَفَى بِالقَرَارِ الَّذِي اتَّخَذَهُ وَأَعَادَ مَا قَالَهُ مُصطَفَى لَهُ وَهُوَ يُوَدِّعُهُ. وَصَفَ لَحَظَاتِ سَفَرِ مُصطَفَى بِتَفَاصِيلٍ كَثِيرَةٍ لِيَدُلَّ عَلَى مَدَى تَأْثِيرِ هَذِهِ اللَّحَظَاتِ عَلَيهِ وَأَنَّهُ مُتَذَكِّرٌ جَيِّدًا الاِتِّفَاقِ عَلَى البَقَاءِ مَعًا إِلَى النِّهَايَةِ وَعَلَى الرَّغمِ مِن ذَلِكَ فَإِنَّهُ قَد أَخَذَ هَذَا القَرَارَ الصَّعبَ وَتَرَاجَعَ عَن السَّفَرِ. كَانَ فَقِيرًا، رَاتِبُهُ الضَّئِيلُ فِي وَكَالَةِ الغَوثِ الدَّولِيَّةِ كَانَ لَا يَكفِيهِ وَكَانَ مَسؤُولًا عَن أُمِّهِ وَزوجَةِ أَخِيهِ وَأَولَادِهَا مَالِيًا. كَانَ يَعِيشُ فِي بُؤسٍ وَسَافَرَ الكُوَيت عِندَمَا تَعَاقَدَت مَعَهُ مَعَارِفُ الكُوَيت لِيُوَفِّرَ المَالَ الَّذِي يَكفِيهِ لِلسَّفَرِ إِلَى أمرِيكَا وَلَكِنَّهُ لَم يُحِبَّ العَيشَ هُنَاكَ وَوَصَفَ حَيَاتَهُ بِأَنَّهَا فَارِغَةٌ دَبِقَةٌ، وَهَذَا هُوَ البُعدُ الاِجتِمَاعِيُّ لِلسَّارِد. أَمَّا البُعدُ الدَّاخِلِيُّ، فَكَانَ فِي البِدَايَةِ يُرِيدُ أَن يَترُكَ غَزَّة وَقَالَ إِنَّهُ لَم يَهتَمَّ بِالقَصفِ لِأَنَّهُ سَيُسَافِرُ بَعِيدًا عَن كُلِّ ذَلِكَ وَقَالَ "إِنَّنِي أَكرَهُ غَزَّة، وَمَن فِي غَزَّة، كُلُّ شَيءٍ فِي البَلَدِ المَقطُوعِ يُذَكِّرُنِي بِلَوحَاتٍ فَاشِلَةٍ رَسَمَهَا بِالدِّهَان

الرَّمَادِيِّ إِنْسَانٌ مَرِيضٌ" وَهَذَا كَلَامٌ قَاسٍ جِدّاً وَلَكِنَّهُ لَيْسَ كَلَامًا صَادِقًا وَيُمْكِنُ قَصْدُهُ أَنَّهُ يَكْرَهُ حَالَ غَزَّة وَمَا يَحْدُثُ فِي غَزَّة وَصُعُوبَةَ العَيْشِ فِي غَزَّة لِأَنَّهُ قَالَ "قُذِفَت غَزَّة، غَزَّتُنَا" وَلَم يَكْتَفِ بِقَوْلِ "قُذِفَت غَزَّة" وَقَوْلِ "غَزَّتِنَا" يَدُلُّ عَلَى القَرَابَةِ وَالْحُبِّ وَلَيْسَ الكُرْهِ. وَكَانَ السَّارِدُ عَمَّا حَنُونًا؛ عِنْدَمَا زَارَ نَادِيَا فِي المُسْتَشْفَى رَبَّتَ عَلَى ظَهْرِهَا وَجَلَسَ قُرْبَهَا وَقَالَ إِنَّهُ أَحْضَرَ لَهَا الهَدَايَا مِن الكُوَيت وَالبِنطَالَ الأَحْمَرَ كَذِبًا لِيُحَاوِلَ أَن يُسْعِدَهَا وَيُخَفِّفَ عَنْهَا آلَامَهَا كَمَا قَالَ بِنَفْسِهِ "لَقَد اعتَدتُ أَن أُحِبَّ نَادِيَا".

مُصطَفَى مِن الشَّخصِيَّاتِ الرَّئِيسِيَّةِ لِدَوْرِهِ المُهِمِّ فِي التَّأْثِيرِ عَلَى صَدِيقِهِ وَكَوْنِهِ سَبَبًا فِي تَفْكِيرِ صَدِيقِهِ فِي السَّفَرِ إِلَى أَمْرِيكَا. وَصَفَهُ صَدِيقُهُ بِأَنَّهُ يَتَحَدَّثُ بِسُرعَةٍ بِلَا فَوَاصِلَ وَلَا نُقَط. تَعَاقَدَت مَعَهُ وِزَارَةُ المَعَارِفِ الكُوَيتِيَّةِ قَبْلَ أَن تَتَعَاقَدَ مَعَ صَدِيقِهِ فَكَانَ وَضْعُهُ الِاجْتِمَاعِيُّ أَفْضَلَ مِن صَدِيقِهِ فِي تِلْكَ الفَتَرَةِ. وَكَانَ صَدِيقًا شَهمًا يَقِفُ مَعَ صَدِيقِهِ فِي شِدَّتِهِ المَالِيَّةِ دُونَ أَن يُشعِرَهُ بِالذُّلِ. وَفِي الرِّسَالَةِ أَيضًا الكَثِيرُ مِمَّا يُشِيرُ إِلَى مَدَى شِدَّةِ وَصِدقِ صَدَاقَتِهِمَا فَقَالَ مُصطَفَى لِصَدِيقِهِ وَهُمَا فِي المَطَارِ "أُكْتُب لِي كُلَّ يَومٍ.. كُلَّ سَاعَةٍ.. كُلَّ دَقِيقَةٍ" وَبَكَى لِشِدَّةِ حُزنِهِ عَلَى سَفَرِهِ دُونَ صَدِيقِهِ.

كَانَ السَّارِدُ وَصَدِيقُهُ يُعَانِيَان مِن نَفسِ الصِّرَاعِ الدَّاخِلِيِّ: التَّشَتُّتُ بَينَ البَقَاءِ فِي غَزَّة وَالسَّفَرِ إِلَى أَمْرِيكَا. مُصطَفَى لَم يَعتَرِف بِذَلِكَ وَلَكِنَّ صَدِيقُهُ قَالَ "لَكِنَّنِي كُنتُ أَحِسُّ إِحْسَاسًا غَامِضًا إِنَّكَ غَيرُ رَاضٍ تَمَامًا

عَن هُرُوبِكَ... وَكُنتُ أُعَانِي أَنَا أَيضًا مِن هَذَا التَّمَزُّقِ" وَقَالَ أَيضًا "مَا هَذَا الشَّيءُ الغَامِضُ الَّذِي يَربُطُنَا إِلَى غَزَّة فَيَحِدُّ مِن حَمَاسِنَا إِلَى الهُرُوبِ"، فَهَذَا يَدُلُّ عَلَى تَرَدُّدِهِمَا فِي اتِّخَاذِ قَرَارَاتِ السَّفَرِ وَهَذَا الشُّعُورُ أَيضًا مِن البُعدِ الدَّاخِلِيِّ لَهُمَا.

أُمُّ السَّارِدِ وَزوجَةُ أَخِيهِ وَأَولَادُهَا مِن الشَّخصِيَّاتِ الثَّانوِيَّةِ لِأَنَّهُم شَخصِيَّاتٌ ثَابِتَةٌ لَا نَعرِفُ عَنهُم الكَثِيرَ. نَعرِفُ عَن زوجَةِ أَخِيهِ أَنَّهَا أَرمَلَةٌ وَالسَّارِدُ هُوَ الَّذِي يَعُولُهَا وَأَولَادَهَا وَأُمَّهُ. لَكِنَّ نَادِيَا مِن الشَّخصِيَّاتِ الرَّئِيسِيَّةِ لِدَورِهَا المُهِمِّ فِي تَغيِيرِ مَسَارِ حَيَاةِ عَمِّهَا. نَادِيَا تَبلُغُ مِن العُمرِ ثَلَاثَةَ عَشَرَ أَعوَامٍ وَهِيَ فَتَاةٌ جَمِيلَةٌ، شَعرُهَا طَوِيلٌ، وَعِينَاهَا وَاسِعَتَانِ، وَهَذَا هُوَ البُعدُ الخَارِجِيُّ لَهَا. أَمَّا البُعدُ الاِجتِمَاعِيُّ فَهِيَ يَتِيمَةٌ وَلَهَا ثَلَاثُ إِخوَةٍ صِغَارٍ. كَانَت نَادِيَا هَادِئَةً جِدّاً لَا تَتَكَلَّمُ كَثِيرًا وَلَكِن كَانَ يَبدُو عَلَيهَا الأَلَمُ الشَّدِيدُ، وُصِفَت بِأَنَّ "وَجهَهَا كَان هَادِئًا سَاكِنًا وَلَكِنَّهُ مُوحٍ كَوَجهِ نَبِيٍّ مُعَذَّبٍ". كَانَت تَبتَسِمُ ابتِسَامَةً خَفِيفَةً وَتَكتُمُ دُمُوعَهَا رَغمَ شِدَّةِ مَا حَدَثَ لَهَا، فَالَّذِي أَصَابَهَا شَيءٌ لَن تُشفَى مِنهُ أَبَدًا وَلَن تَستَعِيدَ سَاقَهَا ثَانِيَةً وَعِندَمَا ذُكِّرَت بِهَذَا الوَاقِعِ المُؤلِم عِندَمَا ذُكِرَ البِنطَالُ لَهَا "ارتَعَشَت كَمَن مَسَّهُ تَيَّارٌ صَاعِقٌ وَطَأطَأَت رَأسَهَا بِهُدُوءٍ رَهِيبٍ" وَأَحَسَّ بِدَمعِهَا يُبلِلُ ظَاهِرَ كَفِّهِ. فَعَلَى الرَّغم مِن شِدَّةِ الأَلَم وَالحُزنِ الَّذِي تُعَانِي مِنهُ إِلَّا أَنَّهَا كَتَمَتهُ، فَهُوَ لَم يَسمَع بُكَاءَهَا، بَل فَقَط أَحَسَّ بِدَمعِهَا. صَمتُهَا هَذَا يُعَبِّرُ عَن مَشَاعِرِهَا وَالأَلَمُ الَّذِي تُعَانِي مِنهُ أَكثَرَ مِن أَيِّ كَلَامٍ، وَهَذِهِ المَشَاعِرُ الَّتِي تُسَيطِرُ عَلَى نَادِيَا مِن البُعدِ الدَّاخِلِيِّ لَهَا. وَقَد نَهَبَ

الاحِتِلَالُ الإِسرَائيلِي مِنهَا طُفُولَتَهَا فَقَالَ عَنهَا عَمُّهَا إِنَّهَا كَانَت تَبدُو "أَكبَرَ مِن طِفلَةٍ، أَكبَرَ بِكَثِيرٍ". نَادِيَا رَمزُ الإِيثَارِ وَالتَّضحِيَةِ فَهِيَ أَلقَت بِنَفسِهَا فَوقَ إِخوَتِهَا الصِّغَارِ لِتَحمِيَهُم مِن القَذفِ.

هَذَا الفِعلُ الَّذِي قَامَت بِه نَادِيَا وَالَّذِي جَعلَهَا تَفقِدُ سَاقَهَا أَثَّرَ عَلَى السَّارِدُ تَأثِيرًا كَبِيرًا فَبَينَمَا كَانَ فِي البِدَايَةِ مُقبِلًا عَلَى السَّفَرِ لِلهُرُوبِ مِن حَيَاةِ البُؤسِ الَّتِي كَانَ يَعِيشُهَا رَغمَ شُعُورٍ غَامِضٍ يَربُطُهُ إِلَى غَزَّة، فَهَذَا الشُّعُورُ الَّذِي يَربُطُهُ إِلَى غَزَّة يُسَيطِرُ عَلَيه وَأَصبَحَ مُتَأَكِّدًا كُلَّ التَّأَكِيدِ مِن مَوقِفِه وَقَرَارِه عَلَى البَقَاءِ فِي غَزَّة، وَلِذَلِكَ قَالَ لِمُصطَفى فِي بِدَايَةِ القِصَّةِ "بَل سَأَبقَى هُنَا وَلَن أُغَيِّرَ مَكَانِي أَبَدًا، وَهَكَذَا تَطَوَّرَت الشَّخصِيَّةُ المِحوَرِيَّةُ فِي القِصَّةِ.

١٦. مَقَالَةٌ حَولَ قَصِيدَةِ "بِطَاقَةِ هُوِيَّةٍ"

٢٠٢٠/١٢/١١م

فِي قَصِيدَةِ "بِطَاقَةِ هُوِيَّةٍ" يُمَثِّلُ الشَّاعِرُ الفِلَسطِينِيُّ مَحمُود دَرويش الشَّخصَ العَرَبِيَّ وَالفِلَسطِينِيَّ، جَامِعًا بَينَ الفَخرِ بِالهُوِيَّةِ العَرَبِيَّةِ وَالتَّمَسُّكِ بِأَرضِ فِلَسطِين وَمُقَاوَمَةِ الاحتِلَالِ. تُسَيطِرُ عَلَى النَّصِّ عَاطِفَةُ الفَخرِ مِن خِلَالِ تَكرَارِهِ "أَنَا عَرَبي" فَهَذا يُؤَكِّدُ فَخرَهُ بِعُرُوبَتِهِ. هُوَ أَيضًا فَخُورٌ بِالطَّبَقَةِ البَسِيطَةِ وَالكَادِحَةِ الَّتِي يَنتَمِي إِلَيهَا هُوَ وَأَبُوهُ وَجِدُّهُ، فَأَبُوهُ مِن أُسرَةِ المِحرَاثِ وَجِدُّهُ كَانَ فَلَّاحًا وَهُوَ يَعمَلُ فِي مَحجَرٍ. تُسَيطِرُ عَلَى النَّصِ أَيضًا عَاطِفَةُ الكَرَامَةُ فَعَلَى الرَّغمِ مِن طَبَقَتِهِ البَسِيطَةِ وَكَونِهِ اسم بِلَا لَقَبٍ إِلَّا أَنَّهُ يَرفُضُ الذُّلَ تَمَامَ الرَّفضِ مُخَاطِبًا الشُّرطِيَّ الإِسرَائِيلِي "وَلَا أَتَوَسَّلُ الصَّدَقَاتِ مِن بَابِكَ وَلَا أَصغَرُ أَمَامَ بَلَاطِ أَعتَابِكَ" فَهُوَ يَقُولُ إِنَّ عَمَلَهُ فِي مَحجَرٍ يَكفِيهِ لِلعَيشِ بِكَرَامَةٍ وَهُوَ لَيسَ بِحَاجَةٍ لِلمُحتَلِّ الإِسرَائِيلِي. عَاطِفَةٌ أُخرَى بَارِزَةٌ فِي النَّصِّ هِيَ عَاطِفَةُ الغَضَبِ فَهُوَ يَقُولُ "سُلِبتُ كُرُومَ أَجدَادِي وَأَرضًا كُنتُ أَفلَحُهَا أَنَا وَجَمِيعُ أَولَادِي" وَهَذا شَيءٌ يُثِيرُ الغَضَبَ لِأَنَّ أَرضَهُ الَّتِي هِيَ مِلكُهُ وَحَقُّهُ وَالَّتِي تَعِبَ مِن أَجلِ تَنمِيَتِهَا سُلِبَت مِنهُ بِغَيرِ حَقٍّ وَلَم يُترَك لَهُ سِوَى الصُّخُورِ.

الغَضَبُ وَاضِحٌ أَيضًا فِي تَكرَارِ أُسلُوبِ الأَمرِ "سَجِّل" فَهُوَ يَرفُضُ الهَيكَلَ الاجتِمَاعِيَّ الَّذِي يَجعَلُ المُحتَلَّ الإِسرَائِيلِيَّ مَحَلَّ سُلطَةٍ وَقُوَّة وَيُنكِرُهُ. كَأَنَّهُ غَيرَ مُعتَرَفٍ بِسُلطَةِ الشُّرطِيِّ الإِسرَائِيلِي وَيَأمُرُهُ وَلَا يَقبَل

الأَوامِرَ مِنهُ. وَهَذَا الأَمرُ فِيهِ فَخرٌ بِنَفسِهِ وَهُوِيَّتِهِ فَهُوَ يُعَرِّفُ الشُّرطِيَّ بِنَفسِهِ. استَخدَمَ الشَّاعِرُ أَيضًا أُسلُوبَ التَّكرَارِ لِيُؤَكِّدَ هَذَا الفَخرَ بِالإِضَافَةِ إِلَى بَقَاءِ الفِلَسطِينِيِّينَ عَلَى أَرضِهِم قَائِلًا "وَأَطفَالِي ثَمانِيَةٌ وَتَاسِعُهُم.. سَيَأتِي بَعدَ صَيفٍ" مُؤَكِّدًا لِلمُحتَلِّينَ الإِسرَائِيلِيِّينَ عَدَم قُدرَتِهِم عَلَى التَّخَلُّصِ مِن الفِلَسطِينِيِّينَ وَاستِمرَارِيَّةِ الفِلَسطِينِيِّينَ عَلَى أَرضِهِم. استَخدَمَ الشَّاعِرُ أُسلُوبَ الاستِفهَامِ مُكَرِّرًا "فَهَل تَغضَب؟" وَهَذَا فِيهِ تَحَدِّي لِلمُحتَلِّ الإِسرَائِيلِي وَكَأَنَّ الشَّاعِرَ يُرِيدُ أَن يُغضِبَهُ. المُحتَلُّ الإِسرَائِيلِي لَا يُرِيدُ تَركَ أَرضِ فِلَسطِين لِلفِلَسطِينِيِّينَ فَعِندَمَا يَقُولُ الشَّاعِرُ إِنَّ تَاسِعَ أَطفَالِه سَيَأتِي بَعدَ صَيفٍ فَهَذَا شَيءٌ يُغضِبُ المُحتَلَّ. المُحتَلُّ يُرِيدُ أَن يَذِلَّ الفِلَسطِينِيِّينَ لَهُ فَعِندَمَا يَقُولُ الشَّاعِرُ إِنَّهُ لَيسَ بِحَاجَةٍ إِلَيهِ وَلَا يَتَوَسَّلُ الصَّدَقَاتِ مِنهُ فَهَذَا أَيضًا يُغضِبُ المُحتَلَّ الإِسرَائِيلِي. عِندَمَا تَحَدَّثَ الشَّاعِرُ عَن سَلبِ أَرضِهِ مِنهُ وَعَدَمِ تَركِ أَي شَيءٍ سِوَى الصُّخُورِ، استَخدَمَ أَيضًا أُسلُوبَ الاستِفهَامِ قَائِلًا "فَهَل سَتَأخُذُهَا حُكُومَتُكُم.. كَمَا قِيلَ؟" وَهَذَا فِيهِ سُخرِيَّةٌ مِن الحُكُومَةِ الإِسرَائِيلِيَّةِ فَعَلَى الرَّغمِ مِن قُوَّتِهَا وَأَسلِحَتِهَا وَجَيشِهَا الكَبِيرِ فَإِنَّهَا تَخَافُ مِن بَعضِ الصُّخُورِ الصَّغِيرَةِ الَّتِي هِيَ كُلُّ مَا يَملِكُهُ الفِلَسطِينِيُّونَ لِمُقَاوَمَةِ الاحتِلَالِ، وَهَذَا يُبَيِّنُ ضَعفَ وَجُبنَ الحُكُومَةِ الإِسرَائِيلِيَّةِ. وَهَذَا الاستِفهَامُ أَيضًا يُفِيدُ النَّفيَ فَالحُكُومَةُ لَن تَأخُذَ مِن الفِلَسطِينِيِّينَ تِلكَ الصُّخُورَ وَسَيَظَلُّ الفِلَسطِينِيُّونَ يُقَاوِمُونَ الاحتِلَالَ بِكُلِّ مَا يَملِكُونَ. الصُّخُورُ رَمزُ المُقَاوَمَةِ وَلَكِنَّهَا أَيضًا رَمزُ القُوَّةِ وَالصَّلَابَةِ، فَالشَّاعِرُ يَقُولُ "وَكَفِّي صَلبَةٌ كَالصَّخرِ.. تَخمِشُ مَن يُلَامِسُهَا" مُشَبِّهًا كَفَّهُ بِالصَّخرِ وَوَجهُ الشَّبَهِ بَينَهُمَا هُوَ القُوَّةُ وَالصَّلَابَةُ

وَفِي هَذَا التَّشْبِيهِ تَهْدِيدٌ وَتَحْذِيرٌ لِلْمُعْتَدِي الإِسْرَائِيلِي مِن قُوَّتِهِ وَقُدْرَتِهِ عَلَى الدِّفَاعِ عَن نَفْسِهِ ضِدَّ أَيِّ اعْتِدَاءٍ. فِي آخِرِ النَّصِّ، يُكَرِّرُ الشَّاعِرُ "حَذَارِ.. حَذَارِ" مُؤَكِّدًا تَهْدِيدَه وَتَوَعُّدِهِ بِالدِّفَاعِ عَن نَفْسِهِ وَأَرْضِه.

كُلُّ هَذِهِ الأَسَالِيبِ المُسْتَخْدَمَةِ فِي النَّصِّ تُسَاعِدُ فِي تَوْضِيحِ وَتَأْكِيدِ أَهَمِّ الأَفْكَارِ وَالقَضَايَا. مِن هَذِهِ الأَفْكَارِ وَالقَضَايَا الفَخْرُ بِالهُوِيَّةِ العَرَبِيَّةِ، وَالتَّمَسُّكُ بِالأَرْضِ، وَمُقَاوَمَةُ الاحِتِلَالِ، وَالاعْتِزَازُ بِالنَّفس. يَقُولُ الشَّاعِرُ إِنَّ جِدَّهُ كَانَ يُعَلِّمُهُ "شُمُوخَ الشَّمسِ قَبْلَ قِرَاءَةِ الكُتُب" وَهَذَا يَدُلُّ عَلَى أَهَمِّيَّةِ الاعْتِزَازِ بِالنَّفسِ وَأَوْلَوِيَّتِهَا عَلَى القِرَاءَةِ الَّتِي تُعْتَبَرُ أَيضًا جُزءًا مُهِمًّا مِن الحَيَاةِ، كَمَا أَنَّهُ يَدُلُّ أَيضًا عَلَى أَنَّهُ كَانَ يَتَعَلَّمُ الفَخرَ وَالاعْتِزَازَ بِالنَّفسِ مُنذُ الطُّفُولَةِ قَبْلَ الالْتِحَاقِ بِالمَدَارِسِ. فِكرَةٌ أُخْرَى فِي النَّصِّ هِيَ فَخرُ الإِنسَانِ بِأَصْلِهِ وَجُذُورِهِ فَالشَّاعِرُ فَخُورٌ بِأَبِيهِ وَجِدِّهِ اللَّذِين كَانَا "لَا مِن سَادَةٍ نُجُبٍ.. بِلَا حَسَبٍ.. وَلَا نَسَبٍ!"

تُعجِبُنِي هَذِهِ القَصِيدَةَ بِسَبَبِ مَوقِفِ الشَّاعِرِ مِن الاحِتِلَالِ الإِسْرَائِيلِيّ وَأُسْلُوبِهِ فِي الرَّدِّ عَلَى مُحتَلِّهِ: هُوَ لَا يَخَافُهُ بَل يَتَحَدَّاهُ وَيُعَرِّفُهُ بِهُوِيَّتِهِ وَعِزَّةِ نَفسِهِ وَكَرَامَتِهِ. هُوَ لَا يَقبَلُ الظُّلمَ وَلَا يَستَسلِمُ لِأَصحَابِ السُّلطَةِ بَل يُنكِرُ سُلطَتَهِم، وَيُدَافِعُ عَن حَقِّهِ فِي البَقَاءِ عَلَى أَرضِهِ. يُعجِبُنِي أَيضًا عَدَمَ اهتِمَامِهِ بِالأَشيَاءِ المَادِّيَّةِ وَفَخرَهُ بِبَيتِهِ البَسِيطِ وَطَبَقَتِهِ البَسِيطَة. يُعجِبُنِي خَاصَّةً آخِرُ بَيتٍ لِأَنَّهُ يُوضِّحُ أَنَّ مُقَاوَمَتِهِ لَيسَت اعتِدَاءً وَلَكِنَّهَا دِفَاعٌ مَشرُوعٌ وَلِذَلِكَ شِدَّتُهُ فِي التَّعَامُلِ مَعَ المُحتَلِّ أَمرٌ إِيجَابِيٌّ.

٢٠٢٢/٢/٤م

مُنَى الكُرد هِيَ نَاشِطَةٌ فِلَسطِينِيَّةٌ تَبلُغُ مِن العُمرِ ٢٣ عَامًا، وَهِيَ مِن حَيِّ الشَّيخ جَرَّاح فِي القُدسِ. لَهَا أَخٌ تَوأَمٌ اسمُهُ مُحَمَّد، وَكَانَا يُدَافِعَانِ عَن حَيِّهِمَا وَبَيتِهِمَا ضِدَّ التَّهجِيرِ القَسري مُنذُ صِغَرِهِمَا. فِي عَام ٢٠٠٩ استَولَت قُوَّاتُ الاحتِلَالِ عَلَى نِصفِ مَنزِلِهَا وَسَكَنَهُ مُستَوطِنٌ أَمرِيكِيٌّ اسمُهُ يَعقُوب فُوتشِي. فِي عَامِ ٢٠١٣ نَشَرَت صَحِيفَةُ الغَاردِيَان فِيدِيُو لَهُمَا وَهُمَا يُشَارِكَانِ العَالَمَ حَيَاتَهُمَا تحتَ الاحتِلَالِ وَعُمرُهُمَا ١٤ عَامًا فَقَط. انتَشَرَ فِيدِيُو أَخَرُ فِي مَايُو ٢٠٢١ لِمُنَى وَهِيَ تُوَاجِهُ المُستَوطِنَ يَعقُوب قَائِلَةً "هَذَا لَيسَ بَيتَكَ... أَنتَ تَسرِقُ بَيتِي" وَفِي الفِيدِيُو يَرُدُّ يَعقُوب قَائِلًا "نَعم وَلَكِن إِذَا لَم أَسرِقُهُ سَيَسرِقُهُ أَحَدٌ غَيرِي" وَأَحدَثَ هَذَا الفِيدِيُو وَالاعتِرَافُ ضَجَّةً كَبِيرَةً عَلَى مَوَاقِعِ التَّوَاصُلِ الاجتِمَاعِي وَأَثَارَ غَضَبَ الكَثِيرِ مِن النَّاسِ حَولَ العَالَمِ، وَكَانَ مِن المُقَرَّرِ أَن تَتَّخِذَ المَحكَمَةُ الإِسرَائِيلِيَّةُ قَرَارًا فِي مَايُو ٢٠٢١ بِشَأنِ تَهجِيرِ عَائِلَةِ الكُرد مِن ضِمنِ سِتِّ عَائِلَاتٍ أُخرَى، وَلَكِنَّهَا أَجَّلَت الحُكمَ.

استَطَاعَت مُنَى أَن تُوصِلَ قَضِيَّةِ حَيِّ الشَّيخ جَرَّاح وَالقَضِيَّةِ الفِلَسطِينِيَّةِ بِشَكلٍ عَامٍ إِلَى العَالَمِ حَيثُ نَظَّمَ العَدِيدُ مِن المُظَاهَرَاتِ فِي جَمِيعِ أَنحَاءِ العَالَمِ مِن الوِلَايَاتِ المُتَّحِدَةِ وَكَنَدَا إِلَى أُسترَالِيَا وَإِنجلِترَا وَالعَدِيدِ مِن الدُّوَلِ الأُورُوبِّيَّةِ الأُخرَى، وَالَّتِي شَارَكَ بِهَا مِئَاتُ الآلَافِ المُتَضَامِنِينَ

مَعَ حَيِّ الشَّيخ جَرَّاح ضِدَّ تَهدِيدَاتِ التَّهجِيرِ مِن قِبَلِ المَحكَمَةِ الإِسرَائِيلِيَّةِ، وَتَغَيَّرَ الرَّأيُ العَامُ حَولَ القَضِيَّةِ الفِلَسطِينِيَّةِ وَأصبَحَت إِسرَائِيلُ فِي مَوقِفٍ حَرِجٍ وَانتُقِدَت بِشِدَّةٍ. تَمَّ القَبضُ عَلَى مُنَى فِي يُونِيُو ٢٠٢١ هِيَ وَأخِيهَا مُحَمَّد، وَلَكِن أُطلِقَ سَرَاحُهُم فِي نَفسِ اليَومِ نَتِيجَة الضَّغطِ العَام. دَرَسَت مُنَى الإعلَامَ فِي جَامِعَةِ بيرزيت شَمَالَ مَدِينَةِ رَام الله بِالضِّفَّةِ الغَربِيَّةِ وَتَخَرَّجَت عَامَ ٢٠٢٠، وَمَا زَالَت تُوَثِّقُ الأوضَاعَ فِي حَيِّ الشَّيخ جَرَّاح وَمُدُنٍ أُخرَى فِي الضِّفَّةِ الغَربِيَّةِ وَتَفضَحُ جَرَائِمَ المُستَوطِنِينَ وَقُوَّاتِ الاِحتِلَالِ الإِسرَائِيلِي عَلَى حِسَابِهَا عَلَى الإِنستَغرَام لِمُتَابِعِيهَا الَّذِينَ تَجَاوَزَ عَدَدُهُم أَكثَرَ مِن مِليُونٍ وَنِصفِ مُتَابِع.

وَحَتَّى الآن لَم تَتَوَصَّل المَحكَمَةُ إِلَى قَرَارٍ بِشَأنِ تَهجِيرِهِم وَحَاوَلَت أَن تَصِلَ إِلَى تَسوِيَةٍ ظَالِمَةٍ مَعَ عَائِلَتِهَا تَجعَلُهُم "مُستَأجِرِينَ مَحمِيِّينَ" فِي بَيتِهِم، وَلَكِنَّ عَائِلَةَ مُنَى رَفَضَت هَذِهِ التَّسوِيَة، وَالمَحكَمَةُ خَائِفَةٌ مِن اتِّخَاذِ أَيِّ قَرَارٍ ضِدَّ عَائِلَةِ الكُرد فِي هَذَا الأمرِ لِأَنَّهَا تَعلَمُ أَنَّ أعيُنَ العَالَمِ عَلَى حَيِّ الشَّيخ جَرَّاح وَتَعلَمُ مَدَى تَأثِيرِ مُنَى الكُرد وَتَوأَمِهَا مُحَمَّد، وَبِذَلِكَ أَصبَحَت مُنَى الكُرد أَيقُونَةً وَرَمزًا لِلقَضِيَّةِ الفِلَسطِينِيَّةِ نَالَت إِعجَابَ الجَمِيع.

٢٠٢٢/٣/٢٧م

بِدَايَةً، تُستَخدَمُ كَلِمَةُ الصِّرَاعِ لِلتَّعبِيرِ عَن مُشكِلَةٍ بَينَ طَرَفَينِ إِلَى حَدٍّ مَا مُتَسَاوِيَينِ أَو مُتَشَابِهَينِ بِشَكلٍ أَو بِآخَر، وَالسَّائِدُ تَسمِيَةُ القَضِيَّةِ الفِلَسطِينِيَّةِ وَالاحتِلَالِ الإِسرَائِيلِي بِالصِّرَاعِ الفِلَسطِينِي الإِسرَائِيلِي وَاستِخدَامُ هَذَا المُصطَلَحِ غَيرُ مُنَاسِبٍ. عِندَمَا نَنظُرُ إِلَى طَرَفَي "الصِّرَاعِ" نَجِدُ أَنَّ الطَّرَفَ الإِسرَائِيلِي لَدَيهِ جَيشٌ مِن أَقوَى الجُيُوشِ مُدعُومٌ بِأَكثَرَ مِن ٣,٨ مِليَار دُولَارٍ فِي العَامِ مِن الوِلَايَاتِ المُتَّحِدَةِ الَّتِي تُعَدُّ قُوَّةً عَالَمِيَّةً، وَيَحتَلُّ وَيُسَيطِرُ عَلَى أَكثَرَ مِن ٨٠٪ مِن أَرَاضِي فِلَسطِينَ التَّارِيخِيَّةِ. فِي المُقَابِلِ، الطَّرَفُ الفِلَسطِينِي لَيسَ لَدَيهِ جَيشٌ وَلَا أَسلِحَةٌ وَلَا حُرِيَّةُ الحَرَكَةِ. هَذَا الفَارِقُ الكَبِيرُ واضِحٌ فِي عَدَدِ القَتلَى وَالمُصَابِينَ مِن الطَّرَفَينِ حَيثُ قُتِلَ ٢٣ فِلَسطِينِيًّا مُقَابِل كُلِّ إِسرَائِيلِي مِن عَامِ ٢٠٠٨ إِلَى عَامِ ٢٠٢١ حَسَب الأُمَمِ المُتَّحِدَةِ.

وَهَذَا الخَلَلُ وَالفَارِقُ الكَبِيرَانِ بَينَ الطَّرَفَينِ لَهُ تَدَاعِيَاتٌ أَيضًا فِي الحَدِيثِ عَن "حَلٍّ لِلصِّرَاعِ الفِلَسطِينِي الإِسرَائِيلِي" لِأَنَّ شُرُوطَ وَتَحَفُّظَاتِ الطَّرَفِ الإِسرَائِيلِي تُؤخَذُ فِي الاعتِبَارِ أَكثَر مِن تَحَفُّظَاتِ الطَّرَفِ الفِلَسطِينِي، وَعَلَى الرَّغمِ مِن أَنَّ المُفَاوَضَاتِ دَائِمًا تُعطِي إِسرَائِيلَ أَكثَرَ بِكَثِيرٍ مِن فِلَسطِينَ إِلَّا أَنَّ إِسرَائِيلَ تَقُومُ بِرَفضِهَا. وَالأَسوَأُ مِن ذَلِكَ أَنَّ الطَّرَفَ الفِلَسطِينِي أَحيَانًا يَكُونُ غَائِبًا عَن تِلكَ المُفَاوَضَاتِ الَّتِي تَخُصُّهُ. حَدَثَت

مُفَاوَضَاتٌ مِن أجلِ الوُصُولِ إِلَى حَلٍّ وَمِن هَذِهِ المُفَاوَضَاتِ مُفَاوَضَاتُ حَلِّ الدَّولَتَينِ الَّتِي تَنُصُّ عَلَى انسِحَابِ إِسرَائيل مِن الضَّفَّةِ الغَربِيَّةِ بشَكلٍ كَامِلٍ فَتَكُونَ الضَّفَّةُ الغَربِيَّةُ وَغَزَّة لِلفِلَسطينِيِّينَ وُتُشَكِّلُ بَاقِي فِلَسطين التَّارِيخِيَّةِ دَولَةَ إِسرَائِيل، وَلَكِن رَفَضَتها إِسرَائيل عِدَّةَ مَرَّاتٍ لِأَنَّهَا لَا تُريدُ أَن تَنسَحِبَ مِن الضَّفَّةِ الغَربِيَّةِ عَلَى الرَّغم مِن أَنَّ المُستَوطِنَاتِ في الضَّفَّةِ الغَربِيَّةِ غَيرُ قَانُونِيَةٍ حَسَب القَانُونِ الدَّولِي.

مَا الحَلُّ؟ لَقَد نَتَج عَن الاحتِلَالِ الإِسرَائِيلي ضَرَرٌ عَظيمٌ لِلفِلَسطينِيِّينَ، وَلَيسَ هُنَاكَ أيُّ حَلٍّ يُمكِنُ أَن يَعكِسَ هَذا الضَّرَرَ وَيُعِيدَ القَتلَى وَالبُيوتَ المُهَدَمَةَ، وَلَكِن هُنَاكَ مَا يُمكِنُ فِعلُهُ لِلحَدِّ مِن الضَّرَرِ حَتَّى لَا يَتَّسِع نِطَاقُه أَكثَرَ مِن ذَلِكَ، وَأَوَّلُ وَأَهَمُّ شَيءٍ هُوَ وَقفُ الدَّعم الأَمريكِي لِأَنَّ دَعم أَمريكَا هُوَ الَّذِي يُمَكِّنُ إِسرَائِيل مِن القَصفِ وَالهَدم وَالقَتلِ، فَوَقفُ الدَّعم يُضعِفُ الجَيشَ الإِسرَائِيلي وَبِذَلِكَ يُقَلِّلُ مِن الاعتِدَاءَاتِ. السَّلَامُ لَن يَأتِي بِالمُفَاوَضَاتِ وَلَكِن يَأتِي بِوَقفِ القَصفِ الَّذِي تَقُومُ بِهِ قُوَّاتُ الاحتِلَالِ. فَلَا يَصِحُّ سُؤَالُ الشَّعبِ الفِلَسطينِي المُقَاوِمِ عَن الحَلِّ لِلوُصُولِ إِلَى السَّلَام وَهُوَ لَيسَ مُتَسَبِّبًا في عَدَم السَّلَام. هُنَاكَ عَشرُ مَرَاحِلَ لِلإِبَادَةِ الجَمَاعِيَّةِ حَسَب نَمُوذَجِ ستَانتُون وَهِيَ: التَّصنيفُ ثُمَّ التَّرميزُ ثُمَّ التَّمييزُ ثُمَّ التَّجرِيدُ مِن الإِنسَانِيَّةِ ثُمَّ المُنَظَّمَةُ ثُمَّ الاستِقطَابُ ثُمَّ التَّحضِيرُ وَالاضطِهَادُ وَالإِبَادَةُ وَالإِنكَارُ. وَهَذِهِ المَرَاحِلُ تَنطَبِقُ بِشَكلٍ كَبِيرٍ عَلَى مَا تَفعَلُهُ إِسرَائِيل بِالفِلَسطينِيِّينَ وَهَذا أَمرٌ مُزعِجٌ لِلغَايَةِ. فَيَجِبُ أَن نَتَعَامَلَ مَعَ هَذِهِ القَضِيَّةِ كَقَضِيَّةٍ إِنسَانِيَّةٍ وَلَيسَت فَقَط صِرَاعًا بَينَ طَرَفَينِ.

١٩. اللَّاجِئُونَ الفِلَسطِينِيُّون

٢٠٢٢/١٠/٤م

مِن القَضَايَا الرَّئِيسِيَّةِ الَّتِي تَشمَلُهَا القَضِيَّةُ الفِلَسطِينِيَّةُ قَضِيَّةُ اللَّاجِئِينَ الفِلَسطِينِيِّينَ. تَدَّعِي الدَّولَةُ الصِهيُونِيَّةُ أَنَّ الفِلَسطِينِيِّينَ هَاجَرُوا طَوعًا وَبِتَشجِيعٍ مِن الزُّعَمَاءِ العَرَبِ، وَلَكِنَّ التَّارِيخَ يَنفِي هَذِهِ الرُّوَايَاتِ الخَاطِئَةَ. الحَدَثُ التَّارِيخِيُّ الأَوَّلُ الَّذِي تَسَبَّبَ فِي أَكبَرِ عَدَدٍ مِن اللَّاجِئِينَ الفِلَسطِينِيِّينَ هُوَ تَأسِيسُ الدَّولَةِ الصِهيُونِيَّةِ فِي ١٩٤٨، وَهَذَا مَا يُعرَفُ بِالنَّكبَةِ. شَنَّت إِسرَائِيل هَجَمَاتٌ عَلَى مِئَاتِ القُرَى وَمَجَازِرَ مِثل مَجزَرَةِ دِير يَاسِين لِإخلَاءِ القُرَى مِن أَجلِ بِنَاء دَولَةٍ يَهُودِيَّةٍ، وَنَجَحَت إِسرَائِيلُ فِي تَهجِيرِ أَكثَر مِن ٧٥٠ أَلفَ فِلَسطِينِي صَارُوا لَاجِئِينَ. تَوَزَّعَ اللَّاجِئُونَ فِي غَزَّة وَالضَّفَّةِ الغَربِيَّةِ وَالأُردُن وَلُبنَان وَسُورِيا، وَتَأَسَّسَت وَكَالَةُ الأُمَمِ المُتَّحِدَةِ لِإغَاثَةِ وَتَشغِيلِ اللَّاجِئِينَ الفِلَسطِينِيِّينَ (الاونروا) لِإدَارَةِ مُخَيَّمَاتٍ لِلَّاجِئِينَ وَتَزوِيدِهِم بِالرِّعَايَةِ الطِّبِّيَّةِ وَالتَّعلِيمِ المَدرَسِيِّ وَالخَدَمَاتِ الأَسَاسِيَّةِ الأُخرَى. تُدِيرُ الاونروا ٥٨ مُخَيَّمًا، مِنهُم ١٠ نُشِئُوا عَامَ ١٩٦٧ بَعدَ النَّكسَةِ، وَهِيَ الحَدَثُ التَّارِيخِيُّ الأَخَرُ الَّذِي نَتَجَ عَنهُ عَدَدٌ كَبِيرٌ مِن اللَّاجِئِينَ. النَّكسَةُ هِي حَربٌ استَمَرَّت ٦ أَيَّام بَينَ إِسرَائِيلِ وَبَعضِ الدُّوَلِ العَرَبِيَّةِ قُتِلَ فِيهَا أَكثَرُ مِن ٢٠ أَلفَ جُندِيٍّ عَرَبِيٍّ وَاحتَلَّت إِسرَائِيلُ بَعدَهَا الضَّفَّةَ الغَربِيَّةَ وَغَزَّةَ وَالجُولَان وَشِبهِ جَزِيرَةِ سِينَاء. عَلَى الرَّغمِ مِن المُسَاعَدَاتِ الَّتِي تُقَدِّمُهَا الاونروا لِلَّاجِئِينَ الأَوضَاعُ سَيِّئَةٌ فِي هَذِهِ المُخَيَّمَاتِ، وَالمُسَاعَدَاتُ لَيسَت كَافِيَةً حَيثُ يُعَانُونَ مِن الازدِحَام

وَيَنْقُصُهُم الحُقُوقُ الأَسَاسِيَّةُ مِثلُ الخَدَمَاتِ الطِّبِّيَّةِ وَمُستَوى تَعليمٍ جَيِّدٍ، كَمَا يُعَانُونَ مِن نِسَبٍ مُرتَفِعَةٍ مِن البَطَالَةِ.

يَبلُغُ عَدَدُ اللَّاجِئِينَ الفِلَسطينِيِّينَ اليَومَ أَكثَرُ مِن ٧ مِليُون لَاجِئٍ، مِنهُم نَحوَ ٢ مِليون يَعِيشُونَ في الأُردُن الَّذي يَحتَوي عَلَى أَكبَرِ عَدَدٍ مِن الفِلَسطِينِيِّينَ خَارِجَ فِلَسطِين. في عَام ١٩٤٨ أَصدَرَت الأُمَمُ المُتَّحِدَةُ القَرَارَ ١٩٤ الَّذي قَرَّرَت فِيهِ "وُجُوبَ السَّمَاح بِالعَودَةِ" لِلَّاجِئِينَ الرَّاغِبينَ في ذَلِكَ، إِلَّا أَنَّ إِسرَائِيلَ تَحرِمُهُم حَقَّ العَودَةِ لِأَنَّهَا تَرَى أَنَّ وُجُودَ الفِلَسطينِيِّينَ عَلَى أَرضِهِم يُهَدِّدُ تَأسِيسَ الدَّولَةِ الصِّهيُونِيَّةِ مِن حَيثُ الدِّيمُوغرَافِيَّةِ الَّتي تُرِيدُ إِسرَائِيل أَن يَكُونَ أَكثَرِيَّتُهَا يَهُود. لَكِنَّ الكَثيرَ مِن الفِلَسطينِيِّينَ الَّذِينَ أُخرِجُوا مِن بُيُوتِهِم في النَّكبَةِ وَالنَّكسَةِ يَحتَفِظُونَ بِمَفَاتِيح مَنَازِلِهِم آمِلِينَ في أَن يُسمَحَ لَهُم بِالعَودَةِ يَومًا مَا، وَلِذَلِكَ أَصبَحَ المِفتَاحُ رَمزًا مِن رُمُوزِ المُقَاوَمَةِ الفِلَسطينِيَّةِ.

الوِلَايَاتُ المُتَّحِدَةُ

شَاهَدنَا فِي بِدَايَةِ جَائِحَةِ كُورُونَا مَشَاهِدَ أَرفُفِ المَحَلَّاتِ الخَالِيَةِ مِن الاحتِيَاجَاتِ الأَسَاسِيَّةِ كَالمَنَادِيلِ وَالمُعَقَّمَاتِ وَالنَّاسُ فِي حَالاتٍ مِن الهَلَعِ وَالفَزَعِ مِن فَيرُوس كورونا، وَالَّذِينَ لَدَيهِم قُدرَةٌ مَادِّيَّةٌ يَشتَرُونَ كِمِّيَاتٍ هَائِلَةً مِن اللَّوَازِمِ تجهِيزًا لِلحَجرِ الصِّحِّيِّ. سَبَّبَ ذَلِكَ أزمَةً كَبِيرَةً فِي أمرِيكَا، حَيثُ أَصبَحَ هُنَاكَ الكَثِيرُ مِمَّن لَا يَجِدُونَ مِثلَ هَذِه اللَّوَازِم، وَكَمَا وَرَدَ فِي قَانُونِ العَرضِ وَالطَّلَبِ، استَغَلَّ الكَثِيرُ مِن البَائِعِينَ هَذَا النَّقصَ فِي المُنتَجَاتِ وَزِيَادَةَ الإِقبَالِ عَلَى الشِّرَاءِ لِرَفعِ الأسعَارِ بِطَرِيقَةٍ جُنُونِيَّةٍ، فَكَانَت تُبَاعُ ١٥ كِمَامَةً "ان ٩٥" عَلَى مَوقِعِ أَمَازُون بِسِعرِ ٣٧٩٩ دُولَارٍ وَكَانَت تُبَاعُ ٣٦ لَفَّةً مِن المَنَادِيلِ فِي مَحَلٍّ آخَر بِسِعرِ ٨٠ دُولَارًا وِفقًا لِجَرِيدَةِ النيويورك تايمز.

هَذَانِ مِثَالَانِ فَقَط مِن ضِمنِ آلَافِ الشَّكَاوَى الَّتِي قُدِّمَت فِي الكَثِيرِ مِن المُدُنِ حَولَ أمرِيكَا، مِثل مَدِينَة نُيويُورك. وَيُعَدُّ التَّلَاعُبُ فِي الأسعَارِ بِهَذِه الطَّرِيقَةِ غَيرَ قَانُونِيٍّ فِي الكَثِيرِ مِن الوِلَايَاتِ. وَهَذِه الأَحدَاثُ الَّتِي حَدَثَت فِي ظِلِّ الجَائِحَةِ تُبرِزُ وَتُوضِحُ فَشَلَ نِظَامِ الرَّأسمَالِيَّةِ، النِّظَامِ الاقِتِصَادِيِّ فِي أمرِيكَا. قَامَت شَرِكَةُ أَمَازُون بِإِزَالَةِ أَكثَرِ مِن نِصفِ مِليُون سِلعَةٍ عَلَى مَوقِعِهَا بِسَبَبِ هَذَا الاستِغلَالِ الكَبِيرِ وَغَير القَانُونِي وَقَامَت بِفَصلِ ٣٩٠٠ بَائِعٍ، وَقَد يَبدُو مِن ذَلِكَ أَنَّ أَمَازُون تُسَاهِمُ فِي حَلِّ

الْمُشكِلَةِ وَلَكِن فِي الْحَقِيقَةِ شَرِكَةُ أَمَازُون هِيَ الْمُشكِلَةُ الْأَكبَرُ فِي كُلِّ هَذَا، فَهِيَ تَقُومُ بِنَوعٍ آخَر مِن الِاستِغلَالِ الَّذِي يُعَدُّ جُزءًا رَئِيسِيًّا مِن هَذَا النِّظَامِ الِاقتِصَادِيِّ.

مَع بِدَايَةِ الْحَجرِ الصِّحي اتَّجَهَ النَّاسُ لِلتَّسَوُّقِ عَبرَ الْإنتَرنَت وَتُعَدُّ أَمَازُون أَكبَرَ شَرِكَةٍ لِلتَّسَوُّقِ الْإِلِكترُونِي وَزَادَت ثَروَةُ جِيف بِيزوس مُؤَسِّسٍ شَرِكَةِ أَمَازُون ٨٦ مِليَارَ دُولَارٍ فِي عَامٍ وَاحِدٍ حَسَبُ صَحِيفَةِ فوربس، بَينَمَا مِئَاتُ الْآلَافِ مِن السَّائِقِينَ وَالْعَامِلِينَ فِي مُستَودَعَاتِ أَمَازُون يُخَاطِرُونَ بِحَيَاتِهِم، وَيَعمَلُونَ لِسَاعَاتٍ طَوِيلَةٍ وَسطَ أَوضَاعٍ سَيِّئَةٍ وَرِقَابَةٍ شَدِيدَةٍ وَبِدُونِ استِرَاحَاتٍ مِن أَجلِ الدَّخلِ، وَيُصَابُ الْكَثِيرُ مِنهُم بِفَيرُوس كورونا، وَمَع كُلِّ هَذَا التَّعَبِ يَعِيشُونَ عَلَى خَطِّ الفَقرِ. وَمِن المُضحِكِ أَن تَقُومَ أَمَازُون بِنَشرِ الْإعلَانَاتِ الَّتِي تَدعُو النَّاسَ لِدَعم التِّجَارَاتِ الصَّغِيرَةِ مِن خِلَالِ التَّسَوُّقِ عَلَى مَوقِعِهَا، كَمَا أَنَّهَا أَيضًا تَنشُرُ الْإعلَانَاتِ الَّتِي تُعلِنُ فِيهَا بِفَخرٍ كَبِيرٍ رَفعَ الحَدِّ الْأَدنَى لِلْأُجُورِ إِلَى ١٥ دُولَارًا فِي السَّاعَةِ.

وَأَمَازُون لَيسَت الشَّرِكَةَ الوَحِيدَةَ الَّتِي تَنتَهِكُ حُقُوقَ العَامِلِينَ بِهَذَا الشَّكلِ، فَالسَّائِقُونَ وَعُمَّالُ التَّوصِيلِ يُوَاجِهُونَ مِثلَ هَذِهِ المَشَاكِلِ فِي شَرِكَاتٍ أُخرَى أَيضًا مِثل أوبر وانستاكارت. وَيَمُوتُ الكَثِيرُ مِن العُمَّالِ بَعدَ إِصَابَتِهِم بِفَيرُوس كورونا بِسَبَبِ عَمَلِهِم وَبِذَلِكَ يَمُوتُ الفَقِيرُ فِي خِدمَةِ الغَنِيِّ وَيُضَحِّي المُجتَمَعُ بِالفَقِيرِ حَتَّى يَزِيدَ الغَنِيُّ غِنًا، وَلِذَلِكَ هَذَا النِّظَام

الاقِتِصَادِيُّ نِظَامٌ غَيرُ إِنسَانيٍّ قَائِمٌ عَلَى الاستِغلَالِ وَالتَّنَافُسِ غَيرِ الشَّرِيفِ عَلَى المَالِ، وَيَجِبُ أَن نُشَكِّكَ فِي شَرعِيَّةِ النِّظَامِ الَّذِي يَجعَلُ الثَّروَةَ المُشتَرَكَةَ لِأَغنَى عَشرِ رِجَالٍ فِي العَالَمِ تَزدَادُ ٥٤٠ مِليَار دُولَارٍ (بي بي سي) فِي نَفسِ الوَقتِ الَّذِي خَسِرَ فِيهِ أَكثَرُ مِن ٢٠ مِليُون مُواطِنٍ أَمرِيكِيٍّ عَمَلَهُ، وَهَل يُسَمَّى هَذا تَقَدُّمًا إِذَا كَان تَقَدُّمًا لِلغَنِيِّ يَدفَعُ ثَمَنَهُ الفَقِيرُ؟

٢٠٢٢/٢/٤م

مِن القَضَايَا الجَارِيَةِ الدَّورُ الأَمرِيكِيُّ فِي أَفغَانِستَان وَالانسِحَابُ مِن أَفغَانِستَان فِي أُغُسطُس ٢٠٢١. ذَكَرَت مَقَالَةٌ لِسِي إِن إِن بِعُنوَانِ "مِن شَرقِ أَسيَا لِلشَّرقِ الأَوسَطِ إِلَى أُورُوبَا.. كَيفَ تَغَيَّرَ النِّظَامُ العَالَمِي؟" تَنَاقُضًا وَهُوَ انسِحَابُ أَمرِيكَا مِن أَفغَانِستَان بَينَمَا تَسعَى لِلدِّفَاع عَن أُوكرَانيَا، وَلَكِن فِي الحَقِيقَةِ، هَذَا شَيءٌ مُتَوَقَّعٌ مِن أَمرِيكَا وَيَتَوَافَقُ مَعَ تَارِيخِهَا.

كَانَ حَربُ أَفغَانِستَان جُزءًا مِن "الحَربِ عَلَى الإِرهَابِ" الَّتِي أَعلَنَهَا الرَّئِيسُ الأَمرِيكِي جورج بوش بَعدَ هَجَمَاتِ ١١ سِبتَمبَر ٢٠٠١. غَزَت أَمرِيكَا أَفغَانِستَان بَعدَ أَن رَفَضَت طَالِبَان الَّتِي كَانت تَحكُمُ أَفغَانِستَان تَسلِيمَ أُسَامَة بن لَادِن الَّذِي قَادَ هَجَمَاتِ ١١ سِبتَمبَر. ظَلَّت أَمرِيكَا تُحَارِبُ طَالِبَان ٢٠ عَامًا وَكَانَت النِّهَايَةُ عَودَةَ أَفغَانِستَان لِحُكم طَالِبان. حَصَلَت أَمرِيكَا عَلَى مَا تُرِيدُ وَهُوَ قَتلُ أُسَامَة بن لَادِن بِثَمَنٍ غَالٍ وَهُوَ قَتلُ آلَافِ المُوَاطِنِينَ الأَفغَان وَخَلقُ اللَّاجِئِين، وَأَمَّا المُوَاطِنُونَ الأَفغَان الَّذِينَ يُقِيمُونَ فِي أَفغَانِستَان، خَاصَّةً النِّسَاء اللَّاتِي لَم تَعُد لَهُنَّ حُقُوقٌ، فَهَذَا لَيسَ مِن شَأنِ أَمرِيكَا وَتَكتَفِي بـ"الضَّغطِ عَلَى طَالِبَان لِاحتِرَام حُقُوقِ الإِنسَانِ الأَسَاسِيَّةِ." عِندَمَا أَسرَعَ آلَافُ الأَفغَان إِلَى مَطَارِ كَابُل بَعدَ وُقُوعِ مُدُنٍ فِي أَفغَانِستَان تَحتَ حُكم طَالِبَان يَائِسِينَ مِن حَالِهِم

يُحَاوِلُونَ الصُّعُودَ إِلَى الطَّائِرَاتِ الأَمْرِيكِيَّةِ الحَرْبِيَّةِ الخَارِجَةِ مِن أَفْغَانِسْتَان مُتَعَلِّقِينَ بِجَنَاحَاتِها بَعْدَ عَدَمِ قُدْرَتِهِم عَلَى الرُّكُوبِ، انْطَلَقَت الطَّائِرَاتُ الحَامِلَةُ لِلْمُوَاطِنِينَ الأَمْرِيكِيِّينَ تَارِكَةً الأَفْغَان فِي وَضْعِهِم الكَارِثِي وَالمَأْسَاوِي، وَانْتَشَرَت فِيدِيُوهَات مُؤْلِمَةٌ تُبَيِّنُ سُقُوطَ الأَشْخَاصِ المُتَعَلِّقِينَ عَلَى جَنَاحَاتِ الطَّائِرَاتِ مِن السَّمَاءِ. ثُمَّ اعْتَمَدَت أَمْرِيكَا بَعْدَ ذَلِكَ عَلَى دُوَلٍ أُخْرَى، مِثلِ دَوْلَةِ قَطَر، لِإِجْلاءِ المُوَاطِنِينَ الأَفْغَان وَتَقْدِيم الدَّعِمِ لَهُم وَاسْتِقْبَالِ اللَّاجِئِينَ.

وَقَبْلَ أَيَّامٍ، يَوْمَ الجُمْعَةِ ٢١ يَنَايِر، قَامَت السُّعُودِيَّة بِقَصْفٍ جَوِّيٍّ عَلَى سِجْنٍ تَابِعٍ لِلْحُوثِيِّينَ فِي اليَمَن تَسَبَّبَ فِي قَتْلِ ٧٠ شَخْصًا عَلَى الأَقَلّ وَإِصَابَةِ أَكْثَرِ مِن ٢٠٠ مُصَابٍ، حَسَب مَقَالَةٍ وُرِدَت بِمَوْقِعِ بِي بِي سِي. وَهَذَا القَصْفُ كَانَ جُزْءًا مِن حَرْبِ السُّعُودِيَّة عَلَى الحُوثِيِّينَ فِي اليَمَنِ بِدَعمٍ مِن أَمْرِيكَا الَّتِي تُجَهِّزُ السُّعُودِيَّة بِالأَسْلِحَةِ. حَرْبُ السُّعُودِيَّة عَلَى اليَمَن مُنذُ ٢٠١٤ جَعَلَ الوَضْع فِي اليَمَن مَأْسَاوِي حَيثُ تَسَبَّبَ فِي مَوْتِ أَكْثَرِ مِن ٢٠٠ أَلفَ يَمَنِي حَسَب الأُمَم المُتَّحِدَةِ. وَتُعَدُّ الأَزْمَةُ فِي اليَمَن أَكْبَرَ أَزْمَةٍ إِنْسَانِيَّةٍ فِي العَالَمِ حَيثُ يَحْتَاجُ أَكْثَرُ مِن ٢٠ مِلِيُون مُوَاطِنٍ يَمَنِي إِلَى مُسَاعَدَاتٍ إِنْسَانِيَّةٍ. وَبَعدَ أَن ازْدَادَ الوَضْعُ سُوءًا فِي اليَمَن وَتَرَكَت أَمْرِيكَا الوَضْع لِيَصِلَ إِلَى هَذِهِ الدَّرَجَةِ، أَعْرَبَ الرَّئِيسُ الأَمْرِيكِي جو بايدن فِي العَام المَاضِي عَن وُجُوبِ تَوَقُّفِ الحَرب فِي اليَمَن وَلَكِنَّهُ يُبَرِّرُ آخِرَ المَبِيعَاتِ الَّتِي قَدَّمَتها أَمْرِيكَا لِلسُّعُودِيَّة بِقَدرِ ٦٥٠ مِلِيُون دُولَارٍ بِأَنَّهَا كَانَت لِلدَّفَاعِ.

60

وَبِذَلِكَ نَرَى نَفَسَ الفِكرَةِ تَتَكَرَّرُ فِي تَدَخُّلِ أَمرِيكَا فِي أَفغَانِستَان وَاليَمَن: تَتَدَخَّلُ أَمرِيكَا فِي الدَّولَةِ حَتَّى تُحدِثَ دَمَارًا كَبِيرًا وَيُصبِحَ تَدَخُّلُهَا عِبئًا لَم تَعُدْ تَتَحَمَّلُهُ ثُمَّ تَنسَحِبُ وَتُبَرِّئُ نَفسَهَا مِمَّا حَدَثَ وَلَا تُقَدِّمُ أَيَ مُسَاعَدَاتٍ أَو مُحَاوَلَاتٍ إِصلَاحٍ لِأَهلِ البِلَادِ الَّتِي دَمَّرَتهَا. وَنَرَى هَذِه الفِكرَةَ أَيضًا فِي حَربِ أَمرِيكَا عَلَى العِرَاقِ الَّذِي كَانَ أَيضًا جُزءًا مِن الحَربِ عَلَى الإِرهَابِ إِلَى جَانِبِ الحُرُوبِ الأُخرَى الَّتِي خَاضَتهَا أَمرِيكَا فِي دُوَلٍ أُخرَى. لِنَعُودَ إِلَى السُؤَالِ الَّذِي ذَكَرتُهُ فِي بِدَايَةِ المَقَالَةِ: لِمَاذَا أَمرِيكَا تَنسَحِبُ مِن أَفغَانِستَان بَينَمَا هِيَ تُدَافِعُ عَن أُوكرَانيَا؟ انسَحَبَت أَمرِيكَا مِن أَفغَانِستَان لِأَنَّهَا لَم تَعُد لَهَا مَصلَحَةٌ هُنَاك، وَتُرِيدُ أَن تُدَافِعَ عَن أُوكرَانيَا ضِدَّ رُوسيَا لِأَنَّهُ مِن مَصلَحَتِهَا أَلَّا تَزدَادَ رُوسيَا نُفُوذًا.

نَجِدُ دَائِمًا الدِّيمُقرَاطِيَّة مُقتَرِنَةً بِأَمرِيكَا: أَمرِيكَا دَولَةٌ دِيمُقرَاطِيَّةٌ تَعتَمِدُ عَلَى التَّصوِيتِ فِي الحَيَاةِ السِّيَاسِيَّةِ كَمَا أَنَّهَا تَدَّعِي أَنَّهَا تَخُوضُ الحُرُوبَ مِن أَجلِ نَشرِ الدِّيمُقرَاطِيَّةِ لِلبِلَادِ الأُخرَى. وَلَكِن إِذَا نَظَرنَا إِلَى تَارِيخِ أَمرِيكَا نَجِدُ أَنَّ المُوَاطِنِينَ الَّذِينَ كَانَ يُسمَحُ لَهُم بِالتَّصوِيتِ هُم الرِّجَالُ البِيضُ الأَغنِيَاءُ الَّذِينَ كَانُوا يَملِكُونَ الأَرَاضِي وَكَانَت لَدَيهِم سُلطَةٌ فِي المُجتَمَعِ، وَكَانَ هَذَا النِّظَامُ مُنذُ نَشأَةِ أَمرِيكَا فِي ١٧٧٦م. فِي ١٨٧٠ أَعطَى التَّعدِيلُ الخَامِسَ عَشَرَ لِلدُّستُورِ السُّودَ حَقَّ التَّصوِيتِ بُعَيدَ التَّعدِيلِ الثَّالِثَ عَشَرَ الَّذِي مَنَعَ العُبُودِيَّةَ. وَلَكِن هَذَا التَّعدِيلُ الَّذِي سَمَحَ لِلرِّجَالِ السُّودِ بِالتَّصوِيتِ لَم يَمنَع الرِّجَالَ البِيضَ مِن البَحثِ عَن طُرُقٍ لِمَنعِ الرِّجَالِ السُّودِ مِن التَّصوِيتِ، فَقَامَت الوِلَايَاتُ بِإِدَارَةِ امتِحَانَاتِ مَحوِ الأُمِّيَّةِ لِتَسجِيلِ النَّاخِبِينَ وَلَم يَنجَح فِيهَا السُّودُ بِسَبَبِ العُبُودِيَّةِ الَّتِي لَم تَسمَح لَهُم بِالتَّعلِيمِ فِي المَدَارِسِ.

وَكَانَت هَذِهِ الامتِحَانَاتِ إِلَى جَانِبِ العُنفِ الشَّدِيدِ الَّذِي وَاجَهَهُ السُّودُ مِن البِيضِ وَقَوَانِينَ جِيم كرو وَضَرِيبَةِ الاقتِرَاعِ، وَكَانَت هَذِهِ عَقَبَاتٍ حَرَمَت السُّودَ مِن التَّصوِيتِ وَظَلَّت مُستَمِرَّةً حَوَالِي مِائَةِ سَنَةٍ إِلَى بِدَايَةِ السِّتِّينَاتِ مَعَ حَرَكَةِ الحُقُوقِ المَدَنِيَّةِ. وَلَم يَكُنِ الرَّجُلُ الأَسوَدُ الدِّيمُوغرَافِيَّة الوَحِيدَةَ الَّتِي حُرِمَت مِن التَّصوِيتِ، فَالمَرأَةُ لَم يَكُن لَهَا حَقُّ التَّصوِيتِ مُنذُ

تَأْسِيسِ أَمْرِيكَا فِي ١٧٧٦ إِلَى ١٩٢٠ فِي التَّعْدِيلِ التَّاسِعَ عَشَرَ لِلدُّسْتُورِ بَعْدَ مُعَانَاةٍ طَوِيلَةٍ. الهُنُودُ الحُمْرُ الَّذِينَ هُمُ السُّكَّانُ الأَصْلِيُّونَ لِأَمْرِيكَا لَمْ يَكُنْ لَهُمْ حَقُّ التَّصْوِيتِ حَتَّى ١٩٢٤. بِالإِضَافَةِ إِلَى ذَلِكَ، كَانَ التَّصْوِيتُ يَبْدَأُ مِن سِنِّ الوَاحِدِ وَالعِشْرِينَ بَيْنَمَا كَانَ الشَّبَابُ يُشَارِكُونَ فِي الحَرْبِ مِن سِنِّ الثَّامِنَةَ عَشَرَ إِلَى أَنْ جَاءَ التَّعْدِيلُ السَّادِسُ وَالعِشْرُونَ لِيُعْطِيَ الشَّبَابَ حَقَّ التَّصْوِيتِ مِن سِنِّ الثَّامِنَةَ عَشَرَ فِي ١٩٧١.

وَهَكَذَا قَامَت أَمْرِيكَا بِإِبْعَادِ مُعْظَمِ مُوَاطِنِيهَا عَنِ المُشَارَكَةِ فِي الحَيَاةِ السِّيَاسِيَّةِ مِن خِلَالِ التَّصْوِيتِ مِمَّا تَرَتَّبَ عَلَيهِ إِبْعَادُهُم عَنِ المَنَاصِبِ، فَظَلَّ الرِّجَالُ البِيضُ المُرَشَّحُونَ مِن قِبَلِ رِجَالٍ بِيضٍ آخَرِينَ يَتَوَلَّونَ المَنَاصِبَ السِّيَاسِيَّةَ وَيُصَوِّتُونَ عَلَى القَوَانِينَ الَّتِي تُؤَثِّرُ عَلَى النِّسَاءِ وَالرِّجَالِ السُّودِ وَالأَقَلِّيَّاتِ الأُخْرَى وَيُنَاقِشُونَهَا مَعَ بَعْضِهِم بَعْضًا. وَإِلَى اليَومِ، لَم تَتَحَقَّقِ الدِّيمُقْرَاطِيَّةُ فِي أَمْرِيكَا بِشَكْلٍ كَامِلٍ. مِن أَكْبَرِ الفِئَاتِ الَّتِي لَا يُسْمَحُ لَهُم بِالتَّصْوِيتِ هِيَ فِئَةُ المَسَاجِينَ، وَبِسَبَبِ العُنْصُرِيَّةِ وَالتَّمْيِيزِ يُسْجَنُ السُّودُ بِمُعَدَّلٍ أَعْلَى بِكَثِيرٍ مِن البِيضِ لِارْتِكَابِ جَرَائِمَ بَسِيطَةٍ وَلِهَذَا يُمَثِّلُ السُّودُ ٤٠٪ مِن نِسْبَةِ المَسَاجِينَ فِي أَمْرِيكَا بَيْنَمَا يُمَثِّلُونَ ١٤٪ فَقَط مِن نِسْبَةِ السُّكَّانِ، فَلِهَذَا يُعَدُّ السِّجْنُ طَرِيقَةً حَدِيثَةً لِمَنْعِ السُّودِ مِن التَّصْوِيتِ.

٢٣. انتِخَابَاتُ مَجلِسِ النُّوَّابِ فِي أَمرِيكَا

٢٠٢٢/٣/٦م

سُلطَةُ الرَّئِيسِ فِي أَمرِيكَا مَحدُودَةٌ وَالرَّئِيسُ لَهُ أَدوَارٌ مُحَدَّدَةٌ فِي الدُّستُورِ الأَمرِيكِي فَهُوَ يُعتَبَرُ جُزءًا مِن السُّلطَةِ التَّنفِيذِيَّةِ مَعَ الوُزَرَاءِ الَّذِينَ يَقُومُ بِتَعيِينِهِم، وَلَيسَ جُزءًا مِن السُّلطَةِ التَّشرِيعِيَّةِ. إِذَا كَانَ الرَّئِيسُ يُرِيدُ تَقنِينَ أَيِّ شَيءٍ، لَن يَحدُثَ هَذَا إِلَّا بِقَرَارٍ مِن الكُونغرس الَّذِي يَتَكَوَّنُ مِن مَجلِسِ النُّوَّابِ وَمَجلِسِ الشُّيُوخِ. وَلِهَذَا يَكُونُ مِن الصَّعبِ لِلرَّئِيسِ أَن يَفعَلَ أَيَّ شَيءٍ إِذَا لَم يُسَيطِر أَعضَاءُ حِزبِهِ عَلَى غَالِبِيَّةِ المَقَاعِدِ. يَتَكَوَّنُ مَجلِسُ النُّوَّابِ مِن ٤٣٥ مَقعَدًا وَيُرَشَّحُ أَعضَاؤُهُ كُلَّ عَامَينِ بَينَمَا يَتَكَوَّنُ مَجلِسُ الشُّيُوخِ مِن ١٠٠ مَقعَدًا وَيُرَشَّحُ أَعضَاؤُهُ كُلَّ ٦ سَنَوَاتٍ.

فِي ٢٠١٦، فَازَ دونالد ترامب بِرِئَاسَةِ أَمرِيكَا وَاستَمَرَّ حِزبُهُ الحِزبُ الجُمهُورِي فِي السَّيطَرَةِ عَلَى مَجلِسِ النُّوَّابِ، وَكَانَ هَذَا مُنذُ ٢٠١١. لَكِن فِي انتِخَابَاتِ مَجلِسِ النُّوَّابِ فِي ٢٠١٨، قَامَ الحِزبُ الدِّيمُقرَاطِي بِاستِرجَاعِ السَّيطَرَةِ عَلَى مَجلِسِ النُّوَّابِ بَعدَ أَن خَسِرَ الحِزبُ الجُمهُورِي ٤٢ مَجلِسًا وَنَالَ الحِزبُ الدِّيمُقرَاطِي ٤١ مَجلِسًا إِضَافِيًّا مُقَارَنَةً بِـ٢٠١٦، وَرُشِّحَت نَانسِي بِيلُوسِي لِتَكُونَ المُتَحَدِّثَةَ بِاسم المَجلِسِ.

تُعَدُّ انتِخَابَاتُ مَجلِسِ النُّوَّابِ سَنَةَ ٢٠١٨ انتِخَابَاتٍ تَارِيخِيَّة بِسَبَبِ تَرشِيح عِدَّةِ أَعضَاءٍ تَارِيخِيِّينَ مِن ضِمنِهِم أَلِكسَاندرِيَا أُوكَاسِيُو-كُورتِيز وَرَشِيدَة

طَلَيب وَإِلْهَان عُمَر. رُشِّحَت أَلِكسَاندرِيَا أُوكَاسِيُو-كُورتِيز لِتُمَثِّلَ الحَيَّ الرَّابِعَ عَشَرَ فِي نِيُويُورك عَن عُمرٍ يُنَاهِزُ ٢٩ عَامًا لِتَكُونَ أَصغَرَ عُضوِ مَجلِسِ النُّوَابِ فِي تَارِيخِ أَمرِيكَا بَعدَ أَن هَزَمَت خِصمَهَا الَّذِي كَان عُضوًا مُنذُ ١٠ سَنَوَاتٍ بَعدَ أَن قَامَت بِحَملَةِ انتِخَابَاتٍ شَعبِيَّةٍ لَم تَقبَلُ فِيهَا أَيَّ تَبَرُّعَاتٍ مِن الشَّرِكَاتِ الكَبِيرَةِ. تُعَدُّ رَشِيدَة طَلَيب أَوَّلَ عُضوٍ فِلَسطِينِيٍّ فِي المَجلِسِ وَكَانَ هَذَا حَدَثًا تَارِيخِيًّا لِأَنَّ إِسرَائِيلَ دَائِمًا مَدعُومَةٌ مِن الحِزبَين وَتَرشِيحِهَا بَدَأَ رَفعَ صَوتِ المُعَارَضَةِ لِإِسرَائِيل وَرَفضَ الاِقتِرَاحَاتِ الَّتِي تُقَدِّمُ الدَّعمَ لِإِسرَائِيل وَالتَّصوِيتَ ضِدَّهَا. تُعَدُّ رَشِيدَة طَلَيب أَيضًا أَوَّلَ مُرَشَّحَةٍ مُسلِمَةٍ لِمَجلِسِ النُّوَابِ فِي تَارِيخِ أَمرِيكَا إِلَى جَانِبِ إِلْهَان عُمَر. إِلْهَان عُمَر هِي أَوَّلُ مُرَشَّحَةٍ صُومَالِيَّةٍ وَأَوَّلُ مُوَاطِنَةٍ أَمرِيكِيَّةٍ مُتَجَنِّسَةٍ مُرَشَّحَةٍ لِلمَجلِسِ.

تُعَدُّ هَذِه الانتِخَابَاتُ حَدَثًا تَارِيخِيًّا أَيضًا بِسَبَبِ عَدَدِ النِّسَاءِ الَّذِي تَمَّ تَرشِيحُهُم لِلمَجلِسِ الَّذِي تَجَاوَزَ عَدَدُهُم تِسعِينَ عُضوًا مِن ضِمنِهِم أَيضًا أَوَّلُ مُرَشَّحَتَين مِن الهُنُودِ الحُمرِ دَب هَالَند وَشَارِيس دِيفِيدز. أَصبَحَ لِبَعضِ هَؤُلَاءِ الأَعضَاءِ التَّارِيخِيِّينَ نُفُوذٌ وَشُهرَةٌ بَينَ بَاقِي الأَعضَاءِ وَانتِقَادُهُم الشَّدِيدُ لِترامب جَعَلَهُم مُستَهدَفِينَ مِنهُ وَمِن حِزبِهِ الجُمهُورِي بِشَكلٍ عَامٍ.

٢٤. الخُصُوصِيَّةُ الإِلِكترُونِيَّةُ فِي أَمرِيكَا

الخُصُوصِيَّةُ الإِلِكترُونِيَّةُ مِن أَكبَرِ وَأَهَمِّ القَضَايَا فِي عَالَمِ التَّكنُولُوجِيَا اليَومَ. الكَثِيرُ مِمَّن هُم خَارِجَ التَّخَصُّصَاتِ التِّكنُولُوجِيَّةِ لَا يَهتَمُّونَ بِهَذِهِ القَضِيَّةِ ظَنَّاً أَنَّ هَذِهِ القَضِيَّةَ لَا تَخُصُّهُم وَلَا تُؤَثِّرُ عَلَيهِم، أو قَد يَقُولُ البَعضُ إِنَّهُم "لَيسَ عِندَهُم شيءٌ يُخبِّئُونَهُ" فَلَيسَ هُنَاكَ مُشكِلَةٌ إِذا استُخدِمَت مَعلُومَاتُهُم الخَاصَّةُ، وَلَكِن لِلخُصُوصِيَّةِ أَهَمِّيَّةٌ كَبِيرَةٌ تَكمُنُ فِي حُرِّيَّةِ التَّفكِيرِ دُونَ خَوفٍ مِن عُقُوبَاتِ الحُكُومَةِ بِالإِضَافَةِ إِلَى أَنَّ مَعلُومَاتِنَا نَادِرًا مَا تَكُونُ عَنَّا فَقَط، فَهِي تَشمَلُ مَعلُومَاتِ عَائِلَتِنَا وَأَصدِقَائِنَا وَمَعَارِفِنَا فَضلًا عَن أَشخَاصٍ آخَرِين.

رَغمَ أَنَّ الدُّستُورَ الأَمرِيكِي لَا يَذكُرُ كَلِمَةَ الخُصُوصِيَّةِ، فَإِنَّهُ يَتَضَمَّنُ نُصُوصًا تَضمَنُ الخُصُوصِيَّةَ لِلمُوَاطِنِينَ. مِن هَذِهِ النُّصُوصِ التَّعدِيلُ الرَّابِعُ لِلدُّستُورِ الَّذِي يَمنَعُ تَفتِيشَ الشُّرطَةِ لِأَيِّ شَخصٍ دُونَ تَرخِيصٍ مِن قَاضٍ، وَتَأتِي قَضِيَّةُ الخُصُوصِيَّةِ هُنَا فِي مُنَاقَشَةِ مَا الَّذِي يُعتَبَرُ تَفتِيشًا، وَالتَّفتِيشُ يَكُونُ فِي المَوَاقِفِ الَّتِي تَكُونُ الخُصُوصِيَّةُ تَوَقُّعًا مَنطِقِيًّا، كَمَا فِي البَيتِ أَو السَّيَّارَةِ أَو جَوابٍ فِي ظَرفٍ مُغلَقٍ، وَلَكِن لَيسَ فِي أَرضٍ مَفتُوحَةٍ بَعِيدَةٍ عَن البَيتِ أَو فِي القُمَامَةِ بَعدَ إِخرَاجِهَا مِن المَنزِلِ. مَعَ تَطَوُّرَاتِ التَّكنُولُوجِيَا، يَأخُذُ التَّفتِيشُ أَشكَالًا جَدِيدَةً وَتَرفَعُ القَضَايَا لِلمَحكَمَةِ العُليَا لِتَحكُمَ إِن كَانَت تُعتَبَرُ تَفتِيشًا أَم لَا، مِثلُ قَضِيَّةٍ

فِيهَا استَخدَمَت الشُّرطَةُ تُكنُولُوجِيَة تَصوِير مِن خَارِج المَنزِلِ لِتَكشِفَ زِرَاعَةَ المَارِيجُوَانَا فِي البَيتِ وَقَضِيَّةٍ أُخرَى فِيهَا استَخدَمَت الشُّرطَةُ طَائِرَةَ هِلِيكُوبتَر عَلَى ارتِفَاعِ ٤٠٠ قَدَم لِتَكشِفَ أَيضًا زِرَاعَةَ المَارِيجُوَانَا.

لَكِن حَسَب التَّعدِيلِ الرَّابِعِ لِلدُّستُورِ، لَيسَ لَدَينَا حَقُّ الخُصُوصِيَّةِ فِي أَيِّ مَعلُومَةٍ شَارَكنَاهَا مَعَ طَرَفٍ ثَالِثٍ كَصَدِيقٍ أَو بَنكٍ أَو شَرِكَةِ اتِّصَالَاتٍ، حَتَّى وَإِن كُنَّا نَتَوَقَّعُ ذَلِكَ لِأَنَّنَا مَثَلًا قُلنَا لِصَدِيقٍ إِنَّهُ سِرٌّ وَأَلَّا يُخبِرَ أَحَدًا، وَهَذَا مَا يُسَمَّى فِي القَانُونِ عَقِيدَةِ الطَّرَفِ الثَّالِثِ. هَذَا يُسهِلُ الأُمُورَ عَلَى الحُكُومَةِ، فَالشُّرطِيُّ لَا يَحتَاجُ إِلَى تَرخِيصٍ وَإِنَّمَا يَلجَأُ إِلَى الشَّرِكَاتِ لِطَلَبِ المَعلُومَاتِ، وَهَذَا يَحدُثُ بِالفِعلِ: طَلَبَ مَكتَبُ التَّحقِيقَاتِ الفِدرَالِي مِن شَرِكَاتِ الاتِّصَالَاتِ "مترو بي سي اس" و"سبرنت" مَعلُومَاتٍ عَن تِيمُوثِي كَاربِنتَر، الَّذِي شَارَكَ فِي سَرِقَةِ مُوبَايلَاتٍ، تَدُلُّ عَلَى مَكَانِه سَاعَدَتهُم فِي ضَبطِهِ. فِي حَادِثٍ آخَر، اشتَرَت الهِجرَةُ وَالجَمَارِكُ قَاعِدَةَ بَيَانَاتٍ مِن شَرِكَةِ "فِينتل" وَشَرِكَاتٍ أُخرَى تَستَخدِمُهَا فِي تَرحِيلِ المُهَاجِرِينَ غَيرِ الشَّرعِيِّينَ.

تَنقَسِمُ قَضِيَّةُ المَعلُومَاتِ إِلَى قَضِيَتَيّ جَمعِ المَعلُومَاتِ واستِخدَامِ المَعلُومَاتِ. إِذَا كَانَت الشَّرِكَاتُ تَجمَعُ المَعلُومَاتِ الشَّخصِيَّةَ وَطَلَبَت الحُكُومَةُ تَسلِيمَ هَذِهِ المَعلُومَاتِ فَيَجِبُ الطَّاعَةُ، وَلَكِن لَا يَجِبُ أَن تَجمَعَ الشَّرِكَاتُ هَذِهِ المَعلُومَاتِ مِن الأَسَاسِ، وَلَا يُمكِنُ تَسلِيمُ المَعلُومَاتِ غَيرِ

المَوجُودَةِ. وَهَذَا مِن مُمَيِّزَاتِ الحَدِّ مِن جَمعِ المَعلُومَاتِ. وَلَكِنَّ هُنَاكَ مَعلُومَاتٍ تَحتَاجُ الشَّرِكَاتُ إِلَى جَمعِهَا وَلَكِن يُمكِنُ تَشفِيرُهَا حَتَّى لَا يَستَطِيعَ أَحَدٌ الوُصُولَ إِلَيهَا غَيرُ صَاحِبِ المَعلُومَاتِ نَفسَهُ. وَهَذَا مَا يَفعَلُهُ الكَثِيرُ مِن الشَّرِكَاتِ الآنَ إِلَى حَدٍّ مَا، خَاصَّةً شَرِكَة آبل. هُنَاكَ الكَثِيرُ مِن القَضَايَا فِيهَا تَطلُبُ الحُكُومَةُ مِن آبل فَتح جِهَازِ شَخصٍ وَتَرفُضُ آبل.

قَد يَدَّعِي البَعضُ أَنَّ الحُكُومَةَ بِحَاجَةٍ إِلَى المَعلُومَاتِ الشَّخصِيَّةِ لِكَشفِ الجَرَائِمِ وَهِي مَسأَلَةٌ أَمنِيَّةٌ، وَلَكِنَّ السَّيرَ عَلَى هَذَا الطَّرِيقِ خَطَرٌ كَبِيرٌ لِأَنَّ الحُكُومَاتِ تَارِيخِيّاً تَقُومُ خَاصَّةً بِرِقَابَةِ الأَقَلِيَّاتِ مِثل السُّود وَالمُسلِمِينَ بَعدَ هَجَمَاتِ ١١ سبتَمبَر وَالمُهَاجِرِينَ. وَالسَّمَاحُ بِالتَّعَدِّي عَلَى الخُصُوصِيَّةِ الإِلِكترُونِيَّة بِدُونِ حُدُودٍ يُسَاعِدُ الحُكُومَةَ عَلَى قَمع وَاضطِهَادِ الأَقَلِيَّاتِ، وَقَد يَصِلُ حَدُّ الاِنتِهَاكَاتِ إِلَى استِخدَامِ تُكنُولُوجِيَا الرِّقَابَةِ الحَدِيثَةِ لِلاِعتِقَالِ وَالسِّجنِ كَمَا تَفعلُ الدَّولَةُ الصِّهيُونِيَّةُ مَعَ الفِلَسطِينِيِّينَ وَلَكِن هَذَا حَدِيثٌ آخَر.

مَوَاضِيعُ أُخرَى

٢٥. رَأْيِي عَن الشِّعرِ

٢٠٢٢/٢/١٢م

يُعَدُّ الشِّعرُ نَوعًا مُثِيرًا مِن الكِتَابَةِ لِمَا يَحتَوِي عَلَيهِ مِن أفكَارٍ وَقَضَايَا وَحَقَائِقَ مُهِمَّةٍ مُعَبَّرٍ عَنهَا بِبَلاغَةٍ وَمُستَوَى عَالِي مِن الابدَاعِ مِن خِلَالِ استِخدَامِ الأَدَوَاتِ وَالأَسَالِيبِ البَلَاغِيَّةِ المُتَنَوِّعَةِ، فَعِندَمَا نَنظُرُ إِلَى بَيتٍ وَاحِدٍ مِن الشِّعرِ، نَرَى أَنَّهُ يَحتَوِي عَلَى الكَثِيرِ مِن المَعَانِي، وَرُبَّمَا يَكُونُ لَهُ أَكثَرُ مِن تَأوِيلٍ وَأَكثَرُ مِن رِسَالَةٍ، وَكُلُّ هَذَا بِاستِخدَامِ كَلِمَاتٍ قَلِيلَةٍ بِطَرِيقَةٍ مُتَمَكِّنَةٍ مِمَّا يَجعَلُ الأَبيَاتِ سَهلَةَ الحِفظِ وَالتَّردِيدِ بَينَ النَّاسِ. فَإِذَا كَانَ الشِّعرُ يَتَمَيَّزُ بِكُلِّ هَذِهِ المُمَيَّزَاتِ، فَكَيفَ يُمكِنُ لِأَحَدٍ أَلَّا يُحِبَّ الشِّعرَ؟ أَعتَقِدُ أَنَّ سَبَبًا مِن الأَسبَابِ يَرجِعُ إِلَى الفَصلِ المَوجُودِ بَينَ القِسمَينِ العِلمِي وَالأَدَبِي. رَغمَ أَنَّ هُنَاكَ الكَثِيرَ مِمَّن يُجِيدُونَ وَيُحِبُّونَ مَوَادَّ مِن كِلَا القِسمَينِ، يَمِيلُ النَّاسُ بِشَكلٍ عَامٍ إِلَى أَحَدِ القِسمَينِ وَنَجِدُ أَنَّ الَّذِي يُحِبُّ المَوَادَّ العِلمِيَّةَ وَالرِّيَاضِيَّةَ لَا يُحِبُّ المَوَادَّ الأَدَبِيَّةَ، وَالعَكسُ صَحِيحٌ. وَسَبَبُ هَذِهِ الظَّاهِرَةِ هُوَ أَنَّ المَوَادَّ فِي القِسمَينِ تَتَطَلَّبُ مَهَارَاتٍ وَطَرِيقَةِ تَفكِيرٍ مُختَلِفَةٍ تَمَامًا، فَالمَوَادُّ العِلمِيَّةُ تَتَطَلَّبُ استِخدَامَ المَعلُومَاتِ وَالمَنطِقِ وَالمُعَادَلَاتِ الرِّيَاضِيَّةِ لِلوُصُولِ إِلَى حُلُولٍ بَينَمَا تَتَطَلَّبُ المَوَادُّ الأَدَبِيَّةُ الكَثِيرُ مِن الإِبدَاعِ إِلَى جَانِبِ مَهَارَاتِ الكِتَابَةِ وَتَحلِيلِ الأَحدَاثِ.

سَأَضرِبُ مِثَالًا لِهَذَا فِي مَجَالِ تَخَصُّصِي عُلُومِ الكُمبِيُوتَر. فِي عُلُومِ الكُمبِيُوتَر نَقُومُ بِكِتَابَةِ البَرَامِج لِحَلِّ مَسَائِلَ كَبِيرَةٍ بِسُرعَةٍ عَالِيَةٍ، مِثلِ

كِتَابَةِ البَرَامِج الَّتِي تَقُومُ بِتَرتِيبِ قَوَائِم مِن مَلَايِين الأَرقَامِ فِي ثَوَانِي قَلِيلَةٍ. عَلَى عَكسِ الكِتَابَةِ فِي المَجَالَاتِ الأَدَبِيَّةِ، نَكتُبُ البَرَامِج لِيُنَفِّذَهَا الكُمبِيُوتَر، وَيَقُومُ الكُمبِيُوتَر بِتَنفِيذِهَا بِطَرِيقَةٍ حَرفِيَّةٍ، فَإِذَا قَصَدتَ كِتَابَةَ شَيءٍ مَا وَكَتَبتَ شَيئًا آخَر لَن يَفهَمَ الكُمبِيُوتَر ذَلِكَ وَسَيُنَفِّذُ مَا كَتَبتَهُ، وَهَذَا دَائِمًا يُسَبِّبُ المَشَاكِلَ وَالمُعَانَاةَ فِي البَرمَجَةِ لِأَنَّ الإِنسَانَ بِطَبِيعَتِهِ لَا يَقُولُ كُلَّ شَيءٍ بِطَرِيقَةٍ مُبَاشِرَةٍ كَمَا أَنَّهُ لَا يَحتَاجُ إِلَى سَمَاعِ كُلِّ شَيءٍ بِطَرِيقَةٍ مُبَاشِرَةٍ لِيَفهَمَ مَا يُقَالُ.

فِي البَرمَجَةِ نَتَدَرَّبُ عَلَى التَّفكِيرِ وَالكِتَابَةِ الخَالِيَةِ مِن المَشَاعِرِ وَالرُّمُوزِ وَأَيِّ نَوعٍ مِن الأَدَوَاتِ البَلَاغِيَّةِ، كَمَا يَجِبُ تَجَنُّبُ أَيِّ غُمُوضٍ فِي كِتَابَةِ وَصفِ البِرنَامِجِ حَتَّى لَا يَكُونَ لَهُ أَكثَرُ مِن تَأوِيلٍ، وَعِندَمَا نَستَخدِمُ كَلِمَة "تَحلِيلٍ" نَستَخدِمُهَا غَالِبًا بِمَعنَى حِسَابِ الوَقتِ الَّذِي سَيَستَغرِقُهُ البِرنَامِج لِيَنتَهِي بِاستِخدَامِ الرِّيَاضِيَّاتِ وَطُرُقِ العَدِّ، عَلَى عَكسِ استِخدَامِ كَلِمَةِ "تَحلِيلٍ" فِي سِيَاقٍ أَدَبِيٍّ بِمَعنَى مُحَاوَلَةٍ فَهمِ مَعنَى الشَّيءِ أَو سَبَبِهِ أَو تَأثِيرِهِ عَلَى شَيءٍ آخَر. تَفكِيرِي بِهَذِهِ الطَّرِيقَةِ المُبَاشِرَةِ كَشَخصٍ يَدرُسُ عُلُومَ الكُمبِيُوتَر يَجعَلُ قِرَاءَةَ الشِّعرِ وَفِهمَهُ وَتَحلِيلَهُ أَمرًا صَعبًا بِالنِّسبَةِ إِلَيَّ، وَعَدَمُ فِهمِي لِلشِّعرِ هُوَ سَبَبُ عَدَمِ حُبِّي لَهُ، فَالشِّعرُ سِرُّ تَأثِيرِهِ فِي مُحتَوَاهُ المُختَبِئُ بِدَاخِلِهِ وَخَلفَ الكَلِمَاتِ الَّتِي تَحمِلُ المَعَانِي وَالأَفكَارَ، وَإِذَا لَم تَستَطِعِ استِكشَافَ مَعنَاهُ وَالوُصُولَ إِلَى مُحتَوَاهُ فَمِن الصَّعبِ أَن تُقَدِّرَهُ، وَالإِنسَانُ بِشَكلٍ عَامٍ لَا يُحِبُّ الأَشيَاءَ الَّتِي لَا يُجِيدُهَا وَلَا يَفهَمُهَا.

وَلَكِن هَذَا لَا يَعنِي أَنَّهُ لَا يُمكِنُ التَّوفِيقُ بَينَ طَرِيقَتَي التَّفكِيرِ، فَتَحلِيلُ الشِّعرِ مَهَارَةٌ يُمكِنُ تَنمِيَتُهَا كَبَاقِي المَهَارَاتِ مِن خِلَالِ دِرَاسَةِ تَحلِيلَاتٍ وَتَأوِيلَاتٍ أُخرَى لِلتَّعَرُّفِ عَلَى المَعنَى وَالأشيَاءِ الَّتِي يَجِبُ الانتِبَاهُ إِلَيهَا وَدَلَالَتِهَا، فَعِندَمَا بَدأَتُ أَنظُرُ إِلَى الشِّعرِ بِمُقَارَبَةٍ أُخرَى غَيرِ الَّتِي استَخدِمُهَا فِي تَخَصُّصِي، بَدأَتُ أَرَى مَدَى تَأثِيرِ أَبيَاتِ الشِّعرِ وَجمَالِهَا وَبَدأَتُ أُقَدِّرُ الشِّعرَ وَإِن كَانَ لَا يَزَالُ صَعبًا وَمَا زِلتُ لَا أَفهَمُ مَعنَاهُ جَيِّدًا.

٢٦. أَهَمِيَّةُ اللِّبَاسِ فِي المُجتَمَع

٢٠٢٢/٢/٢٠م

اللِّبَاسُ لَهُ دَورٌ مُهِمٌّ فِي حَيَاةِ النَّاسِ وَيُعتَبَرُ جَانِبًا مُهِمّاً مِن المُجتَمَعِ، حَتَّى وَإِن كَانَ البَعضُ لَا يَهتَمُّ بِاللِّبَاسِ كَثِيرًا. المُجتَمَعُ يُحَدِّدُ المَلَابِسَ المُنَاسِبَة وَغَيرَ المُنَاسِبَةِ بِشَكلٍ عَامٍ وَخَاصَّةً فِي المُنَاسَبَاتِ وَالأَحدَاثِ؛ يُعتَبَرُ الكَثِيرُ مِن المُجتَمَعَاتِ اللَّونَ الأَسوَدَ لَونَ الحِدَادِ وَيَجِبُ عَلَى الجَمِيع ارتِدَاءُ اللِّبَاسِ الأَسوَدِ فِي العَزَاءِ، وَلَا يُقبَلُ ارتِدَاءُ أَيِّ لَونٍ آخَر، وَكَذَلِكَ فِي مُقَابَلَاتِ العَمَلِ يَجِبُ الالتِزَامُ بِاللِّبَاسِ الرَّسمِيِّ. عَلَى سَبِيلِ المِثَالِ، مَارك زوكربيرج مُؤَسِّسُ شَرِكَةِ فيسبوك تَحَدَّثَ عَن رَأيِهِ فِي اللِّبَاسِ وَقَالَ إِنَّهُ يَلبِسُ قَمِيصًا رُمَادِيّاً وَبَنطَلُون جِينز كُلَّ يَومٍ حَتَّى لَا يُضِيعَ الوَقتَ فِي اختِيَارِ المَلَابِسِ، وَلَكِنَّهُ عَلَى الرَّغم مِن ذَلِكَ يَلبِسُ البَدَلَ فِي المُنَاسَبَاتِ الرَّسمِيَّةِ. وَنَجِدُ أَيضًا أَنَّ لِلكَثِيرِ مِن المِهَنِ زِيّاً رَسمِيّاً يُمَيِّزُهَا عَن المِهَنِ الأُخرَى وَأَحيَانًا يَكُونُ زِيُّ العَمَلِ هَادِفًا مِثل زِيِّ المُسعِفِينَ وَأَفرَادِ الإِطفَاءِ وَالشُّرطَةِ الَّذِي يُسهِلُ الوُصُولَ إِلَيهِم فِي حَالَاتِ الطَّوَارِئ. وَأَيضًا فِي الحُرُوبِ وَالصِّرَاعَاتِ وَالمُظَاهَرَاتِ لِبَاسُ المُسعِفِينَ وَالصَّحَفِيِّينَ يُمَيِّزُهُم حَتَّى يَقُومُوا بِمَهَامِ أَعمَالِهِم مِن مُعَالَجَةِ المُصَابِينَ وَنَشرِ الأَحدَاثِ لِلعَالَمِ دُونَ أَن يُوَاجِهُوا أَيَّ اعتِدَاءَاتٍ وَتُعتَبَرُ مُهَاجَمَتُهُم جَرِيمَةَ حَربٍ.

أَمَّا مِن النَّاحِيَةِ الشَّخصِيَّةِ، يُعتَبَرُ اللَّبَاسُ وَسِيلَةً لِلتَّعبِيرِ عَن الأفكَارِ وَالآرَاءِ السِّيَاسِيَّةِ وَالهُوِيَّةِ الَّتِي تَشمَلُ الدِّينَ وَالخَلفِيَّةِ العِرقِيَّةِ. مِن الأمثِلَةِ لِهَذَا دَورُ الكُوفِيَّةِ فِي حَرَكَةِ المُقَاوَمَةِ الفِلَسطِينِيَّةِ، وَكَمَا تُلبَسُ الكُوفِيَّةُ لِلتَّضَامُنِ مَعَ الشَّعبِ الفِلَسطِينِي ضِدَّ الاحتِلَالِ، تُلبَسُ قِطَعٌ مِن المَلَابِسِ الأُخرَى لِلتَّعبِيرِ عَن آرَاءٍ أُخرَى حَسَّاسَةٍ وَمُثِيرَةٍ لِلجَدَلِ. مِثَالٌ لِهَذَا قَضِيَّةُ تِينكَر ضِدَّ دي موين عِندَمَا ذَهَبَ بَعضُ طُلَّابِ المَدرَسَةِ الثَّانَوِيَّةِ إِلَى المَدرَسَةِ وَهُم يَرتَدُونَ الشَّارَاتِ السَّودَاءَ لِيُعَبِّرُوا عَن مُعَارَضَتِهِم لِحَربِ فيتنام فِي مَدِينَةِ دي موين فِي أمرِيكَا فِي ١٩٦٥. طَلَبَت المَدرَسَةُ مِن الطُّلَّابِ أَن يَخلَعُوا هَذِهِ الشَّارَاتِ وَلَكِن عِندَمَا رَفَضُوا قَامَت المَدرَسَةُ بِفَصلِهِم. قَامَ اتِّحَادُ الحُرِّيَّاتِ المَدَنِيَّةِ الأمرِيكِيَّةِ بِرَفعِ قَضِيَّةٍ عَلَى المَدرَسَةِ لِأَنَّهُ اعتَبَرَ هَذَا تَعَدِّيًا عَلَى حَقِّ الطُّلَّابِ فِي حُرِّيَّةِ التَّعبِيرِ، وَظَلَّت هَذِهِ القَضِيَّةُ فِي المَحَاكِمِ إِلَى أَن وَصَلَت لِلمَحكَمَةِ العُليَا وَحَكَمَتَ المَحكَمَةُ العُليَا بَعدَ أَربَعِ سَنَوَاتٍ أَنَّ فَصلَ الطُّلَّابِ غَيرُ قَانُونِيٍّ وَالطُّلَّابُ لَهُم حُرِّيَّةُ التَّعبِيرِ فِي المَدَارِسِ طَالَمَا لَم يُسَبِّب اضطِرَابًا فِي التَّعلِيمِ. تُعتَبَرُ هَذِهِ القَضِيَّةُ مِن أَهَمِّ القَضَايَا التَّارِيخِيَّةِ فِي أمرِيكَا حَولَ حُرِّيَّةِ التَّعبِيرِ وَتَضمَنُ حُرِّيَّةِ التَّعبِيرِ مِن خِلَالِ المَلَابِسِ بِشَكلٍ خَاصٍّ. المَلَابِسُ الَّتِي تُعَبِّرُ عَن قَضَايَا حَسَّاسَةٍ قَد تُغضِبُ البَعضَ وَلِهَذَا يَستَخدِمُهَا النَّاسُ دَائِمًا لِهَذَا الهَدَفِ لِأَنَّهَا تُعتَبَرُ طَرِيقَةً مُؤَثِّرَةً لِتَوصِيلِ القَضَايَا المُهِمَّةِ وَالأفكَارِ السِّيَاسِيَّةِ لِلنَّاسِ.

٢٧. دَاخِلَ عَالَمِ المُوضَةِ

يُسَبِّبُ عَالَمُ الأَزْيَاءِ اليَوْمَ مَشَاكِلَ عَدِيدَةً وَمُعَقَّدَةً تَرْجِعُ أَصلُهَا إِلَى المُؤَسَّسَاتِ وَالأَنْظِمَةِ القَائِمَةِ وَلَيْسَ لَهَا حَلٌّ سَهْلٌ. هُنَاكَ اليَوْمَ العَدِيدُ مِن شَرِكَاتِ المَلَابِسِ العَالَمِيَّةِ الَّتِي زَادَ نِطَاقِهَا مَعَ انتِشَارِ ظَاهِرَةِ الشِّرَاءِ الإِلِكترُونِي بِالإِضَافَةِ إِلَى تَلَازُمِ الخِيَارَاتِ المُتَغَيِّرَةِ الَّتِي لَا نِهَايَةَ لَهَا مَعَ الأَسعَارِ الرَّخِيصَةِ الَّتِي تَجعَلُ المُهتَمِّينَ بِالمُوضَةِ فِي حِيرَةٍ دَائِمَةٍ وَبِحَاجَةٍ إِلَى شِرَاءِ المَزِيدِ مِنَ المَلَابِسِ، مِمَّا يُزِيدُ مِنَ الاستِهلَاكِ. هَذِهِ الشَّرِكَاتُ الَّتِي تَبِيعُ المَلَابِسَ الَّتِي تَتَوَافَقُ مَعَ المُوضَةِ بِأَسعَارٍ رَخِيصَةٍ تَجذِبُ المُشتَرِينَ وَأَشكَالٍ جَدِيدَةٍ فِي فَتَرَاتٍ قَصِيرَةٍ، شَرِكَاتٌ تُسَمَّى المُوضَةَ السَّرِيعَةَ.

لَكِن كَيفَ تَكُونُ أَسعَارُ المَلَابِسِ بِهَذَا الثَّمَنِ المُنخَفِضِ؟ ارتِفَاعُ ثَمَنِ الإِنتَاجِ فِي الوِلَايَاتِ المُتَّحِدَةِ جَعَلَ هَذِهِ الشَّرِكَاتِ تُحَمِّلُ الدُّوَلَ النَّامِيَةَ مَهَمَّةَ صُنعِ هَذِهِ المَلَابِسِ، وَهَذَا بِسَبَبِ النِّظَامِ الاقتِصَادِيِّ القَائِمِ فِي الوِلَايَاتِ المُتَّحِدَةِ الرَّأسمَالِيَّةِ الَّذِي يَهدِفُ إِلَى زِيَادَةِ الأَربَاحِ لِهَذِهِ الشَّرِكَاتِ العِملَاقَةِ. مِن أَكثَرِ الدُّوَلِ صِنَاعَةً لِلمَلَابِسِ الصِّينِ وَبنجلاديش وَفِي كِلتَا الدَّولَتَينِ نَرَى انتِهَاكَاتٍ إِنسَانِيَّةٍ لِحُقُوقِ العُمَّالِ بِالمَصَانِعِ وَأَوضَاعِ العَمَلِ. عُرِفَ عَنِ الصِّينِ قِيَامُهَا بِاعتِقَالِ أَكثَرِ مِن مِليُون مِنَ الأُويغور، وَهُم أَقَلِّيَّةٌ عِرقِيَّةٌ مُسلِمَةٌ فِي الصِّينِ، مُنذُ ٢٠١٧. كَشَفَ

المَعهَدُ الأُستَرَالِي لِلسِّيَاسَةِ الاستِرَاتِيجِيَّةِ أَنَّ هُنَاكَ ٢٧ مَصنَعًا فِي الصِّين يَستَخدِمُ الأُويغور لِلعَمَلِ فِي المَصَانِعِ كُرهًا مُنذُ ٢٠١٧، وَالمُقَدَّرُ عَدَدُهُم نَحوَ ٨٠ أَلفًا، وَتَعمَلُ ٨٢ شَرِكَةً عَالمِيَّةً مَعَ هَذِهِ الشَّرِكَاتِ، وَمِن ضِمنِهِم يونيكلو، وَإتش أند أم، وَكالفن كلاين، وزارا، وأديداس. أَمَّا فِي بنجلادش، تَقُومُ الحَرَائِقُ وَالحَوَادِثُ الأُخرَى فِي مَصَانِعِ المَلَابِسِ بِسَبَبِ سِوءِ الأَوضَاعِ لِلعُمَّالِ، وَمِن أَشهَرِ هَذِهِ الكَوَارِثِ كَارِثَةُ انهِيَارِ رنا بلازا فِي العَاصِمَةِ دكا فِي ٢٠١٣ الَّتِي تَسَبَّبَت فِي قَتلِ أَكثَرِ مِن ١١٠٠ شَخصٍ وَإِصَابَةِ أَكثَرِ مِن ٢٥٠٠ شَخصٍ، وَتُعَدُّ أَسوَأ حَادِثَةٍ فِي تَارِيخ صِنَاعَةِ النَّسِيجِ. كَان سَبَبُهَا تَجَاهُلَ تَحذِيرَاتٍ عَن وُجُودِ شُقُوقٍ فِي المَبنَى وَأُمِرَ العُمَّالُ بِالعَودَةِ إِلَى العَمَلِ.

مِن التَّأثِيرَاتِ السَّلبِيَّةِ أَيضًا لِصِنَاعَةِ المُوضَةِ هِيَ تَأثِيرَاتٌ بِيئِيَّةٌ. فِي عَامِ ٢٠١٨، أَنتَجَ الأَمرِيكِيُّونَ ١٣ مِليُون طِنٍّ مِن مُخَلَّفَاتِ المَلَابِسِ، أُلقِيَ ٧٠٪ مِنهَا فِي مَقَالِبِ القُمَامَةِ وَتَمَّ تَدويرُ ١٣٪ مِنهَا، حَسَب وَكَالَةِ حِمَايَةِ البِيئَةِ الأَمرِيكِيَّةِ. كَمَا أَيضًا تُسَاهِمُ المُوضَةُ فِي النَّاتِجِ العَالمَي لِثَانِي أُكسِيدِ الكَربُون بِنِسبَةِ ١٠٪، حَسَب بِرنَامِجِ الأُمَمِ المُتَّحِدَةِ لِلبِيئَةِ. تَعتَمِدُ صِنَاعَةُ المَلَابِسِ أَيضًا عَلَى مَادَّةِ البُولِيستر الَّتِي تُعَدُّ نَوعًا مِن البَلَاستِيك وَتَقُومُ بِتَلوِيثِ البِيئَةِ وَالمِيَاه.

يَتِمُّ إِلقَاءُ اللَّومِ عَلَى المُوضَةِ السَّرِيعَةِ كَسَبَبٍ فِي كُلِّ هَذِهِ المَشَاكِلِ، وَبَينَمَا لِلمُوضَةِ السَّرِيعَةِ دَورٌ كَبِيرٌ لَا يُمكِنُ إِنكَارُهُ، هِيَ لَيسَت أَصلُ

المُشكِلَةِ، فالمُوضَةُ الغَالِيَةُ دَائِمَةُ التَّطَوُّرِ هِيَ الَّتِي تَخلُقُ الحَاجَةَ لِلمَزِيدِ مِن المَلَابِسِ، وَالمُوضَةُ الغَالِيَةُ لَيسَت أَكثَرَ أَخلَاقِيَّةً مِن المُوضَةِ السَّرِيعَةِ، وَهُنَاكَ الكَثِيرُ مِن الطَّبَقَاتِ الفَقِيرَةِ الَّذِينَ لَا يَقدِرُونَ عَلَى شِرَاءِ المَلَابِسِ مِن شَرِكَاتٍ سِوَى شَرِكَاتِ المُوضَةِ السَّرِيعَةِ. المُشكِلَةُ لَيسَت فِي بَعضِ المَصَانِعِ وَالشَّرِكَاتِ فَقَط وَإِنَّمَا المُشكِلَةُ مُشكِلَةٌ جِهَازِيَّةٌ فِي النِّظَامِ نَفسَهُ.

أَنَا نَفسِي أَهتَمُّ بِالمُوضَةِ وَأُحِبُّ شِرَاءَ المَلَابِسِ وَكَونِي جُزءٍ مِن هَذِهِ المُشكِلَةِ يُسَبِّبُ لِي صِرَاعًا دَاخِلِياً. لَا أُنكِرُ المَسؤُولِيَّةَ الشَّخصِيَّةَ وَالدَّورَ الشَّخصِيَّ لِلحَدِّ مِن مُشكِلَةِ المُوضَةِ، وَلَكِن فِي نَفسِ الوَقتِ المُوضَةُ وَتَصمِيمُ الأَزيَاءِ نَوعٌ مِن أَنوَاعِ الفَنِّ وَالمُوضَةُ نَفسَهَا لَيسَت المُشكِلَةَ وَإِنَّمَا سِيَاسَةُ المُؤَسَّسَاتِ وَالإِسرَافُ فِي الإِستِهلَاكِ. هَذَا الأَمرُ يُسَبِّبُ لِي حَالَةً مِن التَّنَافُرِ المَعرِفِي وَعَدَمِ الرَّاحَةِ بِسَبَبِ تَنَاقُضِ فِكرِي المُعَارِض وَالرَّافِضِ لِلَّذِي يَحدُثُ فِي صِنَاعَةِ المُوضَةِ وَسُلُوكِي الَّذِي يُشَارِكُ فِي هَذِهِ المُشكِلَةِ بِشِرَاءِ المَلَابِسِ مِن هَذِهِ الشَّرِكَاتِ. كَيفَ يُمكِنُنِي التَّوفِيقُ بَينَ حُبِّي لِلمَلَابِسِ وَعَدَمِ تَمكِينِ الشَّرِكَاتِ وَالأَنظِمَةِ الَّتِي تَنتَهِكُ حُقُوقَ الإِنسَانِ؟

تُعَدُّ اليَمَنُ "أَسوأَ حَالَةٍ إِنسَانِيَّةٍ فِي العَالَم" وِفق الأُمَم المُتَّحِدَةِ حَيثُ يَنتَشِرُ الفَقرَ وَالمَرَضَ بِشِدَّةٍ وَهُنَاكَ أَكثَرُ مِن ٢٠ مِليُون يَمَنِيّ بِحَاجَةٍ إِلَى مُسَاعَدَاتٍ إِنسَانِيَّةٍ. هَذا الوَضعُ المَأسَاوِي فِي اليَمَنِ نَتِيجَة الحَربِ الأهلِيَّةِ الَّتِي بَدَأَت فِي ٢٠١٤ وَمَا زَالَت مُستَمِرَّةً، وَالسُّعُودِيَّة لَهَا دَورٌ كَبِيرٌ فِي هَذِه الحَربِ حَيثُ تَقُومُ بِهَجَمَاتٍ جَوِيَّةٍ مُستَمِرَّةٍ.

بِالإِضَافَةِ إِلَى هَذِه الانتِهَاكَاتِ لِحُقُوقِ الإِنسَانِ، السُّعُودِيَّة تُحَاوِلُ قَمعَ الأَشخَاصِ الَّذِينَ لَدَيهِم نُفُوذٌ مِثلِ العُلَمَاءِ وَرِجَالِ الدِّينِ الَّذِينَ يُعَارِضُونَ القِيَادَةَ السُّعُودِيَّة وَسِيَاسَتَها، وَمِن ضِمنِهِم الصَّحَفِيُّ جَمَال خَاشُقجِي، وَهُوَ صَحَفِيٌّ سُعُودِيٌّ وُلِدَ فِي المَدِينَةِ المُنَوَّرَةِ وَعَمِلَ صَحَفِيًّا وَمُحَرِّرًا لِلعَدِيد مِن الجَرَائِدِ الشَّهِيرَةِ مِثلِ جَرِيدَةِ الوَطَن وَعَرَب نِيوز وَالعَرَب. هَاجَرَ خَاشُقجِي عَامَ ٢٠١٧ إِلَى أَمرِيكَا وَعَمِلَ بِالصَّحَافَةِ هُنَاكَ حَيثُ كَانَ لَهُ عَمُودٌ فِي كُلٍّ مِن جَرِيدَتَيّ واشنطن بوست وَمِيدل إِيست آي. خَاشُقجِي كَانَ يَنتَقِدُ مُحَمَّد بن سَلمَان وَسِيَاسَتَهُ بِشِدَّةٍ، فَقَد كَتَبَ مَقَالَاتٍ عَدِيدَةٍ يُعَارِضُ فِيهَا الحَربَ فِي اليَمَنِ وَاعتِقَالَ أَكثَرَ مِن ٣٠ سُعُودِيًّا بِسَبَبِ مُنَاهَضَتِهِم لِلسِّيَاسَةِ السُّعُودِيَّةِ.

فِي الثَّاني مِن أُكتُوبَر عَامَ ٢٠١٨، ذَهَبَ جَمَال خَاشُقجِي إِلَى السِّفَارَةِ السُّعُودِيَّةِ فِي تُركِيَا لِيحصُلَ عَلَى أورَاقِ طَلَاقِهِ الَّتِي كَانَ يَحتَاجُهَا حَتَّى يَتَزَوَّجَ مِن خَطِيبَتِه. دَخَلَ خَاشُقجِي السِّفَارَةَ وَانتَظَرَتْهُ خَطِيبَتُهُ فِي الخَارِجِ وَلَكِنَّهُ لَم يَخرُج. ادَّعت السُّعُودِيَّة فِي بِدَايَةِ الأمرِ أَنَّهُ خَرَجَ مِن بَابٍ خَلفِيٍّ لِلسِّفَارَةِ، وَلَكِن بَعدَ أَكثَرَ مِن أُسبُوعَينِ فِي ٢٠ أُكتُوبَر ٢٠١٨، أُعلِنَ عَن خَبَرِ قَتلِهِ. حَسَبُ مَا تَوَصَّلَت إِلَيهِ التَّحقِيقَاتُ، جَاءَ وَفْدٌ مِن ١٥ سُعُودِيًّا إِلَى تُركِيَا حَتَّى يُقنِعُوا جَمَال خَاشُقجِي بِالعَودَةِ إِلَى السُّعُودِيَّةِ، وَلَكِن اشتَدَّ الصِّرَاعُ بَينَهُم، وَخَدَّرُوهُ، وَخَنَقُوهُ، وَتَخَلَّصُوا مِن جُثَّتِهِ. مَا زَالَت التَّحقِيقَاتُ مُستَمِرَّةً إِلَى اليَومِ، وَالأمِيرُ مُحَمَّد بن سلمَان مُتَّهَمٌ بِإعطَاءِ أَمرِ القَتلِ وَلَكِنَّهُ أَنكَرَ هَذِهِ الاتِّهَامَاتِ. مِن الجَدِيرِ بِالذِّكرِ أَنَّ العَدِيدَ مِن الدُّوَلِ أَدَانَت مَقتَلَ جَمَال خَاشُقجِي، مِن ضِمنِهِم الوِلَايَاتُ المُتَّحِدَةُ وَكَنَدَا وَفَرَنسَا وَبِرِيطَانيَا وَألمَانيَا.